지금은 엘리야 때처럼

당신이 하나님을 더 깊이 알아 가고 더 널리 알리는 사람이 되는 것, 이 책에 담긴 예수전도단의 마음입니다. 말씀을 통해 저자가 깨닫고, 원고를 통해 저희가 누릴 수 있었던 그 감동이 책을 통해 당신에게도 전해지기 원합니다. 그리고 당신을 통해 그 기쁨과 은혜가 더 많은 이들에게 계속해서 흘러가기를 기도하겠습니다. 이 책을 통해 당신이 받은 은혜를 다른 분들에게도 나눠 주십시오. 사랑하고 축복합니다.

Copyright © 2012 by David E. Ross
These Days of Elijah
Korean Copyrights © 2013 by YWAM Publishing Korea

본 저작물의 한국어판 저작권은 도서출판 예수전도단에 있습니다.
저작권법에 의해 보호받는 저작물이므로 무단 전재와 복제를 금합니다.

오대원 목사의 '엘리야와 엘리사' 묵상

# 지금은
# 엘리야
# 때처럼

David E. Ross

오대원 지음 | 양혜정 옮김

예수전도단

어떻게 구약이 끊임없이 신약을 가리키며
신약 안에서만 완성되는지를
어느 누구보다 더 잘 보여 주신
고(古) 로널드 S. 월리스(Ronald S. Wallace) 교수님을
기념하여 드립니다.

추천의 글

내가 진심으로 사랑하고 존경하는 오대원 목사님 책의 추천사를 쓰게 되어 영광으로 생각한다. 신학교에 다니던 1985년에 오대원 목사님을 만난 이래로 나는, 그분의 훌륭한 조언과 정직한 생활에서 많은 것을 배워 왔다. 나는 우리의 관계를 진정으로 소중하게 생각한다. 그분은 스승이자 교사로서뿐 아니라 소중한 친구로서도 내 삶에 지대한 영향을 미쳤다.

이 책을 읽는 가운데 나는 오대원 목사님의 놀라운 통찰력과 지식, 그리고 분별력에 깊이 감명했다. 오랜 시간 섬겨 온 청년 사역을 통해 지혜와 지각력을 얻은 목사님은 독자가 책에 몰입하게 할 뿐만 아니라, 실제 적용으로 이어지게 해준다. 또한 성경 지식과 적용 가능한 진리를 숙련된 솜씨로 엮어 내어, 결국 독자가 눈이 번쩍 뜨이는 결론에 도달하게끔 한다. 따라서 나는 이 책을 읽는 독자들이 이해의 폭을 넓힐 수 있을 뿐만 아니라, 큰 흥미 또한 느끼리라 의심치 않는다.

이 책의 제목인 《지금은 엘리야 때처럼》에서 '엘리야의 때'

는 언제인가? 이스라엘 백성이 바알 숭배를 멈추고 다시 그분께 돌아오도록 권고하라고 하나님이 엘리야에게 명하신 것처럼, 하나님이 크리스천들에게 그분을 잃어버린 사회에서 담대히 진리를 말하라 명하실 특별한 날을 가리키는 말이다. 엘리야 때 이스라엘 백성은 부와 안락함을 누리다가 그만 하나님과의 언약을 잊어버렸다. 그리고 그때와 비슷하게 오늘날의 많은 사람 또한 하나님을 떠나고, 그분의 사랑의 메시지를 적대시하게 되었다. 이런 역경의 시간 가운데 오대원 목사님은 우리에게 세상에 예수의 소망을 가져다주라는 도전을 던지신다. 결국 우리 그리스도인들의 부르심은, 엘리야가 몇 천 년 전 부르심을 받았던 것처럼, 하나님의 말씀 위에 견고히 서서 진리를 선포하며 예수님과 함께 동역하여 마귀의 일을 멸하는 것(요일 3:8)이다.

안타깝게도, 우리는 역경 속에서 쉽사리 수동적이 되어 버린다. 하나님의 발자취를 따라가려고 노력하기보다는, 아무런 말없이 그저 다른 사람들과 맞춰 간다. 그렇지만 기독교란 사회에 소금과 빛이 되라는 부르심임을 기억하라. 우리는 진리를 이야기할 뿐만 아니라, 삶으로 진리를 살아 내야 한다. 오대원 목사님은 평생 그렇게 해 오신 분이며, 나는 그러한 삶의 산증인이다.

사실 나는 그분의 모습을 통해, 그리스도인으로서 어떻게 살아야 하는지를 아직도 배우는 중이다. 그래서 나는 《지금은 엘리야 때처럼》이 단순히 좋은 읽을거리에 그치지 않고, 아주 값어치 있는 책이라 확신한다. 특히 하나님과 더욱 성숙한 관계 가운데 동행하기 원하는 자들에게 분명 그러한 책이 되어 주리라 믿는다.

**정순영 목사**
유니버시티 장로교회 담임, UCLA 장로교 예배당 목사

## 추천의 글

누구나 오대원 목사님을 '한국인이 아닌데도 한국인보다 더 한국을 사랑하시는 분'이라고 말합니다. 그의 이러한 마음은 사사로운 인간의 감정이나 의지가 아니라 전적으로 성령의 역사입니다. 하나님은 그에게 한국이 위대한 선교 국가가 될 것이며 수많은 젊은이가 선교사로 열방에 나가게 되리라는 비전을 주셨습니다. 한국 내에서의 사역을 마친 지금도 그는 미국 내 한인들과 북한을 위해 남은 생애를 헌신하고 있습니다.

한국교회는 지금 목회자나 성도나 모두 다 겸손히 하나님께 무릎으로 나아가 그분의 음성을 정확히 들어야 할 때입니다. 이러한 때, 엘리야와 엘리사를 통해 격동기였던 이스라엘에게 말씀하신 하나님이 오대원 목사님을 통해 한국교회와 모든 성도가 반드시 들어야 할 메시지를 전해 주시는 것 같아 매우 기뻐하며 이 책을 추천합니다.

**유기성 목사**
선한목자교회 담임

추천의 글

현시대는 정말 엘리야 때와 같습니다. 눈에 보이는 고대 우상보다 훨씬 더 위험한 탐욕의 우상들이 곳곳에서 하나님의 백성을 무너뜨리고 있습니다. 그래서 우리는 그 무엇보다 엘리야와 엘리사에게 임한 갑절의 성령의 임재를 갈망하게 됩니다. 이러한 때에 한국교회를 사랑하고 중보하는 오대원 목사님께서 시의적절한 이 책을 펴내신 것은 참으로 복된 일입니다.

그분의 영혼 속에 흐르는 맑은 시냇물의 영성과 가슴에 타오르는 거룩한 불의 영성 속에서 한국교회의 미래를 새롭게 세우고 준비할 수 있으면 좋겠습니다. 엘리야의 그릿 시냇가와 엘리사의 요단 강가의 은혜에 목마른 모든 동역자와 성도들에게 이 책을 추천합니다. 하늘에서 임하는 은혜가 아니면 이 땅의 곤고함을 이기기가 너무 힘들어 보이는 모든 순례자에게 어두운 새벽을 밝히는 희망의 모닥불이 될 것입니다.

**이동원 목사**
지구촌교회 원로, 지구촌 미니스트리 네트워크 대표

추천의 글

엘리야의 갈멜산 대결은 하나님의 권능이 충만하게 나타나는 놀라운 사건입니다. 하지만 저는 이 본문을 읽을 때마다 가슴이 찢어집니다. 엘리야는 바알 신과 우상숭배자들을 비아냥거리며 조롱했지만, 이제는 세상이 교회를 비아냥거리며 조롱합니다. 하나님이 정말 살아 계시다면 어떻게 그렇게 타락하고 부도덕할 수 있느냐는 비난에 교회가 휘청이고 있습니다. 현시대에는 하나님의 이름으로 세상을 꾸짖으며 그분의 영광을 선포하던 엘리야의 기백과 엘리사의 능력이 필요합니다.

그것이 제가 이 책을 기꺼이 추천하는 이유입니다. 평소 존경해 온 분의 책이어서 그렇기도 하지만, 지금 한국교회에 꼭 필요한 메시지라고 믿기 때문입니다. 이 책을 통해 하나님을 잃어버린 사회와 세상을 꾸짖으며 진리와 능력을 드러낼 엘리야와 엘리사들이 일어나기를 간절히 소망합니다.

**이찬수 목사**
분당우리교회 담임

## 추천의 글

한국 예수전도단의 설립자인 오대원 선교사는 한국을 사랑하고 한국교회와 젊은이들을 사랑하여, 젊은이들 속에 성령 운동을 일으켜 한국교회의 영적 부흥에 큰 영향을 끼치신 분입니다. 한국을 향한 특별한 하나님의 부르심에 순종하여, 일생을 한국인을 위해 헌신하고 계십니다.

엘리야, 엘리사 선지자는 우상숭배가 만연한 가운데 강한 성령의 능력으로 역사한 선지자들입니다. 강한 권력을 두려워하지 않고, 하나님께 전적으로 의지하여 놀라운 사역을 한 믿음의 선배들입니다. 오대원 선교사는 세속화되어 영적으로 어두운 이 시대를 향하여, 성령의 사람들인 엘리야와 엘리사의 사역을 통해 성령으로 새로워져야 함을 선포하고 있습니다. 이 책은 영적 암흑기의 이 시대 그리스도인들에게 어떻게 살아가야 할지를 안내해 줄 적절한 지침서가 될 것입니다.

**이철신 목사**
영락교회 담임

**감사의 글**

이 책은 40여 년 전, 내 개인의 삶 및 우리 가족의 삶에 일어났던 새로운 회복 가운데 그 출발점을 둔다. 그 당시 타문화권 선교사로 10년 동안 섬겼던 우리 가족은, 안식년을 누리면서 하나님의 말씀에 대한 더 깊은 지식과 이해를 얻었다. 그래서 우리가 섬기던 한국 땅에서 대학생들 및 청년들을 제자 삼는 사역을 좀 더 효율적으로 하려는 강한 열망으로, 하나님을 좀 더 친밀히 알아 가려 했다.

그때 나는 스코틀랜드의 유명한 성경 해설자인 로널드 S. 월리스(Ronald S. Wallace) 교수님 밑에서 대학원 수업을 듣는 축복을 누렸다. 그분이 강의하신 "엘리야와 엘리사"라는 과목은 완전히 나를 사로잡았다. 교수님은 이 두 선지자의 삶과 생각 속으로 들어가, 신약에 나오는 예수님의 많은 가르침의 핵심을 그들을 통해 드러내 보여 주셨고, 이는 나에게 깊은 감동을 주었다. 그렇게 해서 나는 이 과목의 연구 대상인 이 두 선지자와 '함께 살기' 시작했다. 나는 월리스 박사님을 알고, 그분께 지도받으며 공부하는 특권을 누렸음을 아주 감사하게 생각한다.

내가 견실한 성경 해설을 깊은 영적 체험과 결부시키도록 도와주신 분이 두 분 더 있는데, 한 분은 국제적인 성경교사이자 복음전도자인 얼 W. 모리(Earl W. Morey) 박사님이시고, 다른 한 분은 전(前) 고든콘웰 신학대학원 교육사역학 부교수이자 많은 젊은 목사와 교사들의 사랑받는 스승인 게리 A. 패럿(Gary A. Parrett) 박사님이시다. 나는 이 두 분을 매우 귀히 여기고, 교회를 향한 그들의 지속적이고도 훌륭한 섬김에 하나님께 감사드린다. 이 두 분은 이전에 출판된 성경 묵상에 관한 내 책,《묵상하는 그리스도인》(예수전도단 역간)에 좋은 추천의 글을 써 주시기도 했다.

사우스캐롤라이나 주 클린톤의 장로교 대학(Presbyterian College)에서 성경연구학을 가르치셨고, 깊은 사랑과 존경을 받던 교수이자, 나의 장인어른이셨던 고(古) 레이튼 프레이저(T. Layton Fraser) 박사님께 마음 깊이 감사드린다. 그분은 타협하지 말고 성경을 보고, 선입견이나 편견 없이 말씀 그대로 받아들이라고 가르쳐 주셨다.

UCLA에서 유니버시티 장로교회(University Presbyterian Church) 목사로 계시며 추천의 글을 써 주신 정순영 목사님

(Rev. Soon Chung), 그리고 출판을 위해 중요한 교정 작업을 기꺼이 해주신 에스더(Esther) 사모님, 그리고 로라 그레니아스(Laura Greanias)께 감사를 드린다.

또한 하나님과 그분의 말씀을 사랑하는 사람이자, 나와 함께 여러 사역을 개척했으며, 이 책에 필요한 조언을 아끼지 않았던, 55년 동안 함께해 온 사랑하는 아내에게 특별히 감사한다. 그리고 늘 우리에게 축복이 되고 든든한 후원자가 되어주는 세 자녀, 데비(Debbie), 데이비드(David), 베키(Becky)와 그들의 사랑스런 가족들에게 소중한 감사를 전한다.

마지막으로, 함께 동역하는 특권을 누리게 해주고 우리 부부의 삶에 큰 기쁨을 안겨다 주는 이곳 '성령의 샘'(Pneuma Springs) 공동체에 감사드린다. 또한 북미 여러 지역 및 동북아시아와 세계 여러 곳에 흩어진 더 큰 공동체에 감사드린다. 우리는 이 공동체를 '거룩한 불 공동체'(Community of the Holy Fire)라 부른다.

이 책을 한글로 번역한 양혜정 씨에게도 깊은 감사를 전한다. 마지막으로, 엘리야와 엘리사의 놀라운 세계로 인도하는 이 작은 성경공부 책을 따라와 줄 독자들에게 감사드린다.

# Contents

추천의 글

감사의 글

들어가는 글

**제1장** 살아 계신 하나님으로부터 보내심 받다 *25*

**제2장** 분리됨과 들어가 일함 *37*

**제3장** 직접적인 공급과 간접적인 공급 *51*

**제4장** 숨겨진 교회 *65*

**제5장** 영적 전쟁 *79*

**제6장** 승리 한가운데에서의 패배 *95*

**제7장** 패배 한가운데에서의 승리 *107*

**제8장** 하나님의 부르심 *129*

**제9장** 갑절의 성령 *143*

**제10장** 새로운 사역의 시작: 축복과 저주 *161*

**제11장** 기적이 일어나는 과정 *177*

**제12장** 반항하는 믿음 *191*

**제13장** 너희 수고가 헛되지 않다 *207*

**제14장** 네 마음이 어디에 있느냐? *221*

**제15장** 구원의 날 *235*

**제16장** 임무의 완수 *247*

주

**들어가는 글**

"지금은 엘리야 때처럼 주 말씀이 선포되고!" 이는 1994년, 백만 명의 목숨을 앗아간 비극적인 내전이 끝난 직후, 그리고 북아일랜드에서 정전이 선언되었던 시기에 아일랜드 작사작곡가 로빈 마크(Robin Mark)가 지은 유명한 노래의 가사다. 그는 기도를 하다가 하나님의 음성을 들었다. 하나님은 그분이 모든 일 위에서 통치하고 계시며 "우리가 살고 있는 지금 시기는 하나님이 그리스도인들에게 (마치 바알 선지자들과 대면했던 엘리야처럼) 온전하고 성실함으로 충만하여 그분의 편에 서라고 명하시는 특별한 시기"라는 확신을 주셨다.[1]

그렇다. 오늘날에도 여전히 '바알 선지자들'은 살아 계신 하나님의 교회를 맹렬히 공격하고 있다. 바알 선지자들은 아주 오래전에 했던 일들을 고스란히 계속한다. 고대 이스라엘에서 젊은이들의 생각을 파괴함으로써 가족 체계를 무너뜨리려 했던 것과 마찬가지로, 하나님이 지정하신 지도자들을 죽이거나 침묵하게 함으로써 신자들의 공동체를 말살하려 했던 것과 마찬가지로, 하나님을 조롱하며 그분이 매일의 생활과는 아무 상관없는 이스라엘 과거 역사 속의 하나님일 뿐이라고 속삭이며 그분의 이름을 땅에 떨어뜨리려 했던 것과 마찬가지로.

그렇지만 우리는 절망하지 않는다. 세계 역사의 종말이 곧 하나님의 위대한 구원 역사가 될 것임을 알기 때문이다! 예수님은 산 자와 죽은 자를 심판하러 돌아오실 것이다! 바알 선지자들과 다른 모든 하나님의 반대 세력들을 비롯한 사탄과 그의 악한 권세는 영원히 멸망할 것이다(계 22:12-13). 이미 하나님은 예수 그리스도를 높이 들어 올리셨으며, "모든 이름 위에 뛰어난 이름을 주사 하늘에 있는 자들과 땅에 있는 자들과 땅 아래에 있는 자들로 모든 무릎을 예수의 이름에 꿇게 하시고 모든 입으로 예수 그리스도를 주라 시인하여 하나님 아버지께 영광을 돌리게 하셨"(빌 2:9-11)다.

예수님은 세례 요한을 "아버지의 마음을 자녀에게로 돌이키게 하고 자녀들의 마음을 그들의 아버지에게로 돌이키게 하며…거스르는 자를 의인의 슬기에 돌아오게 하고 주를 위하여 세운 백성을 준비함으로써…모든 일을 회복하러 온 엘리야"라고 칭하셨다(말 4:5-6; 눅 1:16-17; 마 17:10-12 참고).

이 책의 목적은 '주를 위하여 세운 백성을 준비'하기 위함이다. 하나님 백성의 온전한 회복은, 예수 그리스도가 영광 중에 다시 오실 때가 되어서야만 이루어질 것이다. 그때까지 우리는 영원하고 변함없는 하나님의 말씀을 완전히 신뢰하며 그 말씀 위에 서야 한다. 우리는 엘리야와 엘리사가 가르쳤듯, 기도를 통해 하나님의 능력을 붙들고 성령님께 순종해야 한다. 우리는 자신들이 가진 능력의 진정한 근원을 알고 있던 이 두 선지자들의 삶을 살펴봄으로써, 우리 믿음의 뿌리를 재발견할 수 있다.

로널드 S. 윌리스 박사는 조지아 주 디케이터의 콜롬비아 신학대학원(Columbia Theological Seminary)에서 강의할 때 이 두 선지자들을 내게 처음으로 소개해 주셨다. 그분은 이 두 질그릇을 통하여, 예수 그리스도의 중심 되심이라는 진리를 가르쳐 주셨다. 그 후로부터 지난 40년 동안, 나는 이 두 선지자들과 함께 살아왔다. 이제는 그들의 이야기를 나눌 때가 되었다. 쉽사리 깨어지는 질그릇들인 우리가, 두 사람이 했듯이 전적으로 하나님께 순복한다면, 우리 또한 우리의 나라와 세상에서 놀라운 변화를 보게 될 것이다.

오대원(David E. Ross)
2012년, 성령의 샘(Pneuma Springs)에서

내가 전부터 주의 증거들을 알고 있었으므로
주께서 영원히 세우신 것인 줄을 알았나이다.

시편 119:152

David E. Ross

## 하나님 말씀은 남아 있어라

돌아서도 그림자 드리우지 않고
시간이 지나도 흐릿해지지 않는
하나님 말씀은 변치 않고 남아 있어라
사람의 뛰어난 생각들은 다 스러져 없어져도…

내가 전부터 알았으니 당신의 말씀은 참되고
당신의 약속은 내게 정금 같아서
해가 가고 시간이 늙어 가도
영원히 새롭게 동이 터 밝아라

시편 119편 묵상으로부터.
오대원 (David E. Ross)

제 1 장

# 살아 계신 하나님으로부터 보내심 받다

*Sent By the Living God*

✝

열왕기상 16:29-17:1

"내가 섬기는 이스라엘의 하나님 여호와께서 살아 계심을 두고 맹세하노니"(왕상 17:1). 엘리야는 이 말로써 이스라엘의 가장 큰 국가적 위기의 시대에 처음 등장한다. 선조의 그 어떤 왕보다 더 악을 행하던 아합 왕은 바알을 숭배하던 시돈 왕의 딸 이세벨과 결혼함으로써 상황을 더 악하게 만들었다.

아합은 이세벨을 변화시킬 수 있다고 생각했을지 모르지만, 오히려 이세벨이 그를 변화시켰다. 아합은 이제 참 하나님이 아니라 바알을 숭배하기 시작했다. 이세벨은 심지어 고국에서부터 수많은 바알 제사장을 데려와, 살아 계신 하나님의 성전에 바알을 위한 제단들을 쌓았다. 많은 이스라엘 백성이 사실 오랫동안 일종의 '은밀한 사교(邪敎)'로서 바알을 숭배해 오고 있었지만, 이제 바알 숭배는 이스라엘의 생활 및 종교와 도덕적 전통의 기본 구조를 위협하고 파괴하는 공공연한 적대적 세력이 되어 버렸다.

바알 신앙은 다산, 다작을 기원하는 가나안 지역의 이방 신앙으로, 바알 신은 토지의 비옥과 식물의 생장 및 땅에 관련된 모든 것들의 신이었다. 바알 선지자들은 오늘날의 사이비 종교 집단에서 추구하는 것과 마찬가지로 젊은이들을 목표물로 삼았다. 그들은 젊은이들이 어려서부터 하나님의 이름을 부르도록 부모에게 배운 것처럼, 이제 바알의 이름을 부르라고 가르치기 시작했다!

바알 선지자들의 가르침을 들어 보면, 오늘날 이단이나 사이비 종교 집단 지도자들이 하는 이야기와 흡사하다. 그들은 이스라엘이 가나안 땅에 들어오기 오래전부터 바알이 그 땅의 참된 신이었으며, 아브라함과 모세는 타지의 종교를 가지고 들어온 것이라고 가르쳤다. 그들은 여호와 하나님은 이스라엘을 애굽에서 데리고 나왔던 과거의 하나님이지만, 바알은 현재 그들이 매일 사는 삶의 신이라고 가르쳤다. 바알은 자손을 번성케 하고 가축을 다산케 하며 농사가 잘되게 하는 신이었다. 그들은 바알에게 현재 그들의 삶, 즉 풍성한 수확과 가정의 다산 등을 축복할 능력이 있다고 가르쳤다.

그래서 바알 숭배는 이스라엘에서 아주 만연해졌다. 그들은 여전히 형식적으로 하나님을 예배하는 동시에, 매일의 필요를 위해 바알을 숭배했다. 이스라엘 전역에 바알 숭배를 퍼뜨리기로 결심한 이세벨은 무자비한 방법을 사용했다. 수많은 여호와의 선지자들을 죽이고, 살아남은 자들은 숨어서 살도록 몰아낸 것이다.

그렇다면 그 결과는 어떠했는가? 놀랍게도 백성은 별로 저항하지 않았다! 사람들은 자기 자유나 신앙이 위협당하고 있다는 사실에 관심이 없었다. 그들에게 이것은 경계할 만한 이유가 아니었다. 왜 그랬는가? 당시는 무역이 흥했고, 두로와 시돈에서 이스라엘로 돈이 흘러들어 오고 있었으며, 경제가 안정되고, 실업자들도 없었다. 그러니 하나님의 선지자들이 죽임을 당하고 진리가 억눌린들, 무슨 상관이 있었겠는가? "하나님은 죽었다." 사람들은 평화와 안락을 누렸다.

그렇다면 이 이야기는 21세기의 그리스도인들에게 어떤 교훈을 주는가?

"하나님이 한 나라, 한 세대에 주시는 모든 복은, 이후 세대들이 자유라는 유산의 가치를 온전히 존중하지 않을 때, 또는 악과 타협할 때, 쉽사리 빼앗길 수 있다!"[2]

### 이스라엘의 하나님 여호와께서 살아 계시니….

이제 엘리야가 등장한다! 엘리야의 사역을 특징짓는 말은 "하나님 여호와께서 살아 계심을 두고 맹세하노니"였다(왕상 17:1). 그는 굉장한 사명감을 가지고, 오직 한마음으로 '하나님을 의식하는' 하나님의 사람이었다. 그는 어디에서 왔는가? 어디서 신앙의 훈련을 받았는가? 어느 신학교를 졸업했는가? 어떻게 선지자가 되라는 부르심을 받았는가? 그러나 우리 역시 아합 왕과 마찬가지로 엘리야에 관해 아는 바가 거의 없다. 엘리야는 갑자기 등장했고, 아무도 그가 어디서 왔는지를 몰랐다.

여기 위로가 될 만한 말이 있다. 거대한 악의 세력이 온 세상을 점령하는 것 같고, 수많은 사람이 그것을 따르기 시작하고, 교회가 너무 약하여 세상이 쉽사리 교회를 이겨 버리고 교회를 무용지물로 만들려 하더라도, 우리는 절망할 필요가 없다. 하나님은 언제나 그분만의 신비로운 방법으로 일하신다. 하나님은 비밀스레 일하신다. 그분은 유명한 설교가나 지도자들만을 통해 일하지 않으신다. 그리고 아무도 없는 것 같은 곳에서조차, 하나님의 사람들을 일으키실 수 있다(고전 1:26-29). 그렇기에 우리의 상황은 결코 절망적이지 않다. 하나님은 그분의 사람들을 준비시켜 놓으셨으며, 우리 삶 가운데 모든 상황의 주인이시고, 열방의 통치자이시다. 아합 왕은 하나님이 죽었다고 생각했고 모든 백성이 놀랐지만, 한 사람은 진실을 알고 있었다.

엘리야의 삶은 재치 있으면서도 단순한 모습을 보이는데, 이는 사실 그의 고의적인 계획과 전략의 일부였다. 그는 아마도 1960년대의 히피족처럼 보였을 것이다. 모두 그를 보고 재미있어 했다. 엘리야가 한 말은 "내가 섬기는 이스라엘의 하나님 여호와께서 살아 계심을 두고 맹세하노니 내 말이 없으면 수 년 동안 비도 이슬도 있지 아니하리라"(왕상 17:1)가 전부였다. 그러나 줄곧 그의 전략은 바알 숭배의 핵심을 조용하게 찌르는 데 있었다. 바알은 비옥한 토지, 풍성한 곡식과 과일 덕택에 그토록 숭배받는 신이 될 수 있었다. 그리고 엘리야는 바알을 조롱할 수 있는 상황을 조성하고 있었다. 비가 오지 않으면 수확이란 있을 수 없다. 하나님이 기근을 보내셨다. 오늘도 하나님은 우리의 주의를 끌기 위해 가끔 이러한 일을 행하지 않으셨던가? 어쩌면 우리는 우리가 생각하는 만큼 엘리야와 비슷하지 않은지도 모른다. 우리는 오히려 하나님의 뜻보다는 그분이 주시는 복만을 구하는 바알 숭배자들 같은지도 모르겠다.

그러나 엘리야의 삶에서 가장 눈에 띄는 점은, 그가 하나님의 변치 않는 말씀에 기꺼이 자기 목숨을 걸었다는 것이었다. "내 말이 없으면!" 그는 하나님으로부터 말씀을 들었고, 그의 입은 엘리야 자신의 말이 아닌 하나님의 말씀을 말했다. 그는 그 기근을, 반역하는 백성에게 내리는 하나님의 심판이자 회개로의 부르심으로 해석했다. 엘리야가 한 말은 엘리야 자신을, 아합과 이세벨과 이스라엘 전체에 맞서는 생사가 걸린 싸움 속에 던져 넣을 것이었다. 그러나 엘리야는 자신의 계획과 말과 기도가 바로 하나님께로부터 왔기 때문에, 하나님이 그것들을 존중하시리라는 확고한 믿음 위에 섰다. 그리고 그 결과, 비가 내리지 않았다(약 5:17 참고). 따라서 그 기근은 이스라엘에 풍작을 주시는 이가 바알이 아니라 이스라엘의 하나님임을 보여 주는 것이었다. 이스라엘의 하나님은 우상 바알보다 더 강하셨다.

엘리야에게는 하나님을 신뢰하고 그분께 전적으로 순종하는 것 외에는 다른 선택의 여지가 없었다. 그의 인생의 좌우명은 "나를 존중히 여기는 자를 내가 존중히 여기고 나를 멸시하는 자를 내가 경멸하리라"(삼상 2:30)는 말씀이었다. 엘리야는 그 살아 있는 말씀 뒤에 서 계신, 살아 계신 하나님을 신뢰했다. 그는 하나님에게서 나온 하나님의 말씀을 자신의 무기로 사용하여, 조국을 위해 하나님과 기꺼이 씨름할 준비가 되어 있었다. 하나님의 말씀은 곧 엘리야의 말이 되었다. 이 점에 있어서 엘리야는 곧, 그 말이 **언제나** 하나님의 말씀이던 유일한 분인 예수 그리스도의 전조가 된 셈이었다. 예수님은 나중에 "너희가 내 안에 거하고 내 말이 너희 안에 거하면 무엇이든지 원하는 대로 구하라 그리하면 이루리라"(요 15:7)고 말씀하셨다. 나사로를 죽은 자 가운데서 일으키신 후에도 예수님은 "내 말이 네가 믿으면 하나님의 영광을 보리라 하지 아니하였느냐"(요 11:40)라고 말씀하셨다.

우리는 모두 바알이나 바알과 비슷한 우상이 있는 곳으로 가게 될 것이다. 선한 모든 것이 악에 의해 파괴되는 듯한 상황, 사탄이 교회를 무너뜨리려 위협하는 상황들에 직면하게 될 것이다. 우리는 우리 자신에게 두 가지 질문을 던짐으로써 이런 상황을 맞을 준비를 해야 한다. 첫째, 우리는 엘리야처럼 기도할 수 있는가? 둘째, 우리는 하나님께 그분의 말씀에 근거하여 행해 달라고 요구할 수 있는가? 우리는 반드시 우리의 말 뒤에 살아 계신 하나님의 온전한 권위가 버티고 있다는 것을 믿어야 한다.

우리는 하나님으로부터 오는 기적을 기대해야만 하는 세대에 살고 있다. 기적만이 나라들을 파멸에서 건지고, 죽음으로 이끌려 계획하는 사탄으로부터 크리스천들을 해방시키고, 하나님의 영광을 그분의 교회 안에 회복시킬 수 있기 때문이다. 그리고 이 기적은 우리가 하나님의 말씀에 우리 삶을 걸 때, 엘리야가 "여호와의 말씀이…"(왕상 17:14)라고 했듯이 우리가 하나님의 말씀을 세상에 선포할 때 일어날 것이다. 그 기적은, 성령님이 오셔서 죽어가는 세상에 생명을 주기 위해 다시 한 번 그분의 사랑과 치유의 놀라운 역사를 행하시는 일일 것이다.

우리 또한 엘리야의 마음속에서 불타던 확신을 가져야 한다. 곧 우리의 삶을 하나님의 말씀 위에 세울 때, 우리의 말이 세상을 변화시킬 수 있는 하나님의 온전한 권위와 능력을 지닐 것이라고 확신할 수 있어야 한다.

주님, 주의 나라가 임하시고, 당신의 뜻이 당신 말씀의 종인 우리를 통해 이 땅에 이루어지이다.

**더 깊은 생각과
토의를 위한 질문**

이 질문들에 답하기 전에 열왕기상 16:29-17:1을 읽으라.

1. 엘리야 시대의 사람들은 안락한 삶을 위해 하나님의 진리를 놓고 기꺼이 타협했다. 이런 일이 지금도 일어나고 있다고 생각하는가? 그렇다면 우리는 어떻게 복음의 진리를 놓고 타협하고 있는가? 이에 대해 우리는 무슨 일을 할 수 있는가?

2. 하나님이 명령하시면, 그분이 명하신대로 된다. 엘리야는 하나님의 말씀에 자기 목숨을 걸었고, 엘리야가 말했을 때 하나님이 행하셨다. 우리는 하나님의 말씀을 읽거나 들을 때 무슨 일이든 일어나리라 기대하는가? 그렇다면 무엇을 기대하는가?

3. 자신에게 다음과 같은 질문을 던져 보라. "나는 기도하는 크리스천인가? 초인이 아니라 그저 나와 같은 사람이었던 엘리야처럼, 하나님께 그분의 말씀에 근거하여 행해 달라고 요구하는 기도를 할 수 있는가?"

더 알아보기

# 성경에 나오는 기적의 목적

디벨리우스(Dibelius)의 정의에 따르면, 기적이란 "언제나 일하고 계시는 하나님의 손을 다른 때보다 좀 더 분명히 알아볼 수 있는 사건"이다. 토마스 아퀴나스(St. Thomas Aquinas)는 "기적이라고 불리는 일들은, 우리가 일반적으로 볼 수 있는 질서의 범위를 벗어나 신적인 간섭으로 행해지는 것이다"라고 말했다.

그러나 우리가 기적을 어떤 식으로 설명하건, 성경은 기적으로 가득 차 있다. 그리고 하나님은 오늘도 계속하여 기적을 행하신다.

신약에 비하면, 구약에는 비교적 기적이 더 적게 기록되어 있다. 구약에 기록된 기적들은 출애굽 시기나 이스라엘 백성의 광야 여정 동안, 혹은 엘리야와 엘리사의 사역 때처럼 나라가 세워지는 시기, 혹은 여호수아 때에 일어났다. 그럼에도 구약 전체에 걸쳐 기적이 일어났음은 명확하다. 반면에 신약에는 수많은 기적으로 가득하다. 사도 요한은 예수님이 복음서에 담겨 있지 않은 다른 기적들도 많이 행하셨다고 말했다.

성경에서 기적 대신 사용된 또 다른 말은 '표적'이다. 기적은 예수 그리스도 안에 있는 하나님의 진리를 가리켜 보여 주는 표적이다. 구약의 선지자들이 했던 말이 믿을 만한 것임을 기적이 입증해 준 것처럼, 신약에서도 사도들이 전하는 말이 진실임이 기적을 통해 입증되었다. 기적을 통해 "하나님은 그분의 임재와 능력을 드러내 보이실 뿐 아니라, 그분의 목적과 그분의 뜻, 말씀의 본질을 조명해 주신다."³

하나님께 당신의 눈을 열어 그분이 당신 주위에서 행하고 계신 기적들을 보게 해 달라고 기도하라. 또 당신의 믿음을 사용하시어, 하나님 나라의 전진을 위해 계속 기적을 행해 달라고 기도하라.

제 2 장

# 분리됨과 들어가 일함

*Detachment and Involvement*

✝

열왕기상 17:2-9

엘리야가 하나님의 말씀 위에 굳게 서던 날, 그날 그는 그 누구로부터 그 어떤 지지도 받지 못했다. 그를 인도하거나 지도해 줄 사람도 없었고, 날마다 필요한 것을 공급해 줄 사람도 없었다.

처음부터 엘리야는 자신의 안식처가 하나님 안에만 있음을 배웠다. 하나님만이 그가 신뢰할 안정된 처소였으며, 그는 모든 필요를 놓고 하나님만을 의지해야 했다.

엘리야는 시편 기자와 함께 "여호와는 나의 목자시니 내게 부족함이 없으리로다"(시 23:1)라고 고백할 수 있었다.

### 분리됨과 들어가 일함

하나님은 엘리야에게 사역의 기본 원리 중 하나인 '분리됨과 들어가 일함'을 가르침으로써 그를 준비시키셨다. 하나님의 말씀이 엘리야에게 임했다. "너는 여기서 떠나…그릿 시냇가에 숨고"(왕상 17:3). 그러나 나중에 하나님은 그에게 "너는 가서 아합에게 보이라"(왕상 18:1)고 말씀하셨다. 엘리야는 그의 전 사역에 걸쳐 때로는 숨겨졌고, 때로는 하나님의 적들과 담대하게 맞섰다. 그는 '거함'의 원리를 배웠다. 예수 그리스도가 오시기 수 세기 전에 이미 성령님은 엘리야에게 "나는 포도나무요 너희는 가지라 그가 내 안에, 내가 그 안에 거하면 사람이 열매를 많이 맺나니 나를 떠나서는 너희가 아무것도 할 수 없음이라"(요 15:5)는 진리를 가르치셨다.

### 숨겨짐

하나님은 엘리야가 공적인 사역을 시작하도록 허락하기 전에 그를 숨기셨다. 누군가가 이렇게 숨겨지는 경우는 성경 전체에 걸쳐 발견할 수 있다. 예수님은 공생애를 시작하기 전 거의 30년 동안 숨겨지셨고, 요셉은 하나님께 쓰임 받아 애굽 및 다른 나라들을 기근에서 건져 내기 전에 13년 동안 숨겨졌다. 하나님은 출애굽이라는 위대한 사건을 위해 모세를 준비시키려고 40년 동안 그를 광야에 숨기셨고, 바울은 3년 동안 숨겨지고 나서야 능력 있는 사역을 시작할 수 있었다.

우리는 큰 축복을 누린다. 우리가 섬기는 하나님은 곤경이나 두려움, 유혹을 당할 때나 혼란스러울 때 우리를 자신의 '피난처'로 맞아들여 주시는 분이다. 그런데 오늘날 우리는 사역 중에 한동안 우리를 '숨기기' 원하시는 하나님의 뜻을 종종 회피한다. 그래서 때로 소진되기도 하고, 하나님과 다른 동역자들과 소원해진 느낌을 받기도 하며, 우리에게 적대적인 세상을 섬기는 데 필요한 힘과 용기를 잃기도 한다.

그러나 우리는 섬기는 종으로서 이 세상을 사는 것이다. 예수님은 이사야 선지자가 예언한 '고난당하는 종'이셨다. 그리고 그분의 삶의 특징은 숨겨지는 것이었다. 하나님의 종 엘리야는 "나를 그의 손 그늘에 숨기시며"(사 49:2)라고 말한다. 우리 또한 예수님과 함께하는 사역에 있어서 고난당하는 종이다. 그리고 때로는 반드시 사역에서 분리되어 떨어져 있어야 한다. 분명히 엘리야는 악한 바알 선지자들과 속히 영적 전쟁을 시작하기를 열망했을 것이다. 그러나 그는 곧 자신이 '하나님의 말씀 아래' 있을 뿐 아니라 '하나님의 섭리 아래' 있음을 알아챘다.

그렇다면 하나님은 왜 온 세상에 가서 하나님 나라의 복음을 선포하라고 부르신 선교사들을 때때로 숨기시는가?

하나님이 종종 우리를 숨기시는 이유 중 하나는 우리가 해를 당치 않게 해주시기 위해, 혹은 곤경에서 우리를 위로해주시기 위해서다. 그리고 때로는 애굽에서 요셉을 숨기셨듯, 우리가 하나님의 영 안에서 사역할 수 있을 만큼 우리의 인격이 온전히 개발되지 못했을 때 우리를 숨기신다. 숨겨져 있던 기간 동안에 요셉은 다른 방법으로는 결코 배울 수 없었던 겸손과 용서, 관대함과 깊은 지혜를 배웠다.

또한 하나님은 그분의 일을 무너뜨릴 수 있는 과도한 인기나 지나친 분주함에서 우리를 보호해 주시려고, 우리가 사람들을 기쁘게 하기 위해 열심히 일하고 애쓰지 않게 하시려고, 또는 우리가 인정받기를 갈망하지 못하도록 막으시려고 우리를 숨기신다. 또한 "나를 눈동자같이 지키시고 주의 날개 그늘 아래에 감추사"(시 17:8)라는 말씀처럼, 그분과 함께 거하는 깊고 친밀한 교제를 위해 우리를 숨기기도 하신다. "그러므로 보라 내가 그를 타일러 거친 들로 데리고 가서 말로 위로하고"(호 2:14)라는 말씀에 나오는 호세아의 아내 고멜의 경우처럼, 우리가 매일의 생활에서 그분의 음성을 듣지 않을 때 우리에게 말씀하시기 위해 우리를 숨기기도 하신다. 무엇보다도 하나님은 그분의 시간에 우리가 그분과 함께 움직일 수 있도록, 그리고 그분이 사용하기 원하시는 최대한의 모습으로 우리가 사용되도록 준비시키기 위해 우리를 숨기신다.

하나님은 때때로 북한이나 미얀마처럼, 나라들을 숨기신다. 그리고 교회들을 숨기시되, 특히 교회를 핍박하는 나라에서 숨기신다. 교회들을 보호하여 준비시켜, 그 나라를 새롭게 하는 도구로 쓰기 위해 그렇게 하신다. 그리고 보통 그런 준비 기간이 길면 길수록, 하나님이 그 종들을 통해 행하시는 일은 더 크다.

### 사역의 흐름

우리는 사역의 균형, 또는 사역의 흐름을 배워야 한다. 우리는 그리스도가 우리에게 주신 권세를 가지고 담대하게 믿음으로 나간다. 우리는 하나님이 기적을 행하실 것과 우리의 사역을 통해 다른 이들에게 구원의 은혜를 전달하실 것을 신뢰한다. 그렇지만 그러고 나면 우리는 다시 집으로, 즉 하나님의 임재 안으로 돌아온다. 우리는 친밀함 가운데 하나님이 하시는 그 말씀을 듣기 위해, 자신을 세상으로부터 분리시킨다.

우리는 우리의 집이 세상에 있지 않고 **하나님의 임재** 안에 있음을 기억해야 한다.

1986년, 우리 가족이 25년 동안 섬기던 한국을 갑작스레 강제로 떠나게 되었을 때, 나는 이제 우리의 사역은 끝났다고 생각했다. 그러나 오래전 우리가 선교 사역을 위임받았던 산장을 다시 찾아갔을 때, 우리가 하나님을 만나고 사역을 위한 기름부으심을 받았던 그 산에 다시 올랐을 때, 하나님은 내게 이렇게 말씀하셨다. "내 아들아, 네가 나의 사랑 안에서 쉬는 이곳, 나의 임재 안이 바로 너의 집이다. 너의 사역은 내 이름으로 위대한 행위를 하는 것이 아니라, 내가 너를 사랑하는 것처럼 너도 나를 사랑하고, 나의 영광을 위해 내가 너를 쓸 것을 신뢰하는 것이다. 너는 나를 위해 아무것도 하지 않아도 된다. 나는 너를 보내어, 깨어지고 아파하는 세상을 섬기게 하면서 너를 통해 나의 일을 할 것이다." 그 즉시 나는 호세아 선지자를 통해 하나님이 이스라엘에게 하신 "네가 나로 말미암아 열매를 얻으리라"(호 14:8)는 말씀을 기억했다.

나는 내 우상이 되어 버렸던 사역을 강제로 그만두어야 했다. 당시 내가 하던 사역에서 나 자신을 분리시켰던 것은 나의 결정이 아니었다. 그것은 하나님의 결정이었다. 그분은 나를 숨기셨다. 내가 아직 '분리됨과 들어가 일함'의 교훈을 배우지 못했기 때문이다. 나는 내 집이, 내 사역이 아니라 하나님 안에 있음을 그때까지 배우지 못했던 것이다. 이렇듯 실패함으로 나는 선교사로서의 나의 삶에 가장 중요한 교훈을 배웠다. 나는 효율적인 사역의 비결은 그리스도 안에 거하는 것이라는 사실을 가르쳐 주신 하나님께 감사드린다.

하나님은 엘리야를 숨기시고 그 생명을 유지시켜 주셨다. 그것은 엘리야 인생의 시점에 하나님께로부터 필요했던 표징이었다. 그와 마찬가지로, 나 역시 하나님이 앞으로의 전쟁을 위해 나를 준비시키고 계심을 깨달았다.

"네 자신을 숨겨라"는 말은 엘리야뿐만 아니라 모든 주님의 종들이 들었던 말이다. 성령님은 장엄한 환상을 통해 에스겔 선지자를 직접 하늘로 데려가심으로써 그를 숨기셨다. 그 환상은 하나님의 영광을 나타내고 백성에 관한 그분의 심판을 보여 주는 환상이었으며, 에스겔은 포로로 끌려가 있던 자기 백성에게 그 환상에 대해 충실하게 알려 주었다. 예수님은 때로 아버지 하나님과 함께 계시기 위해 무리로부터 떨어져 나와 자신을 숨기셨다. 제자들이 일에 너무 몰두한 나머지 그들의 영 안에 염려가 자라나는 것을 보신 예수님은 그들에게 잠시 물러나 함께 쉬자고 말씀하셨다. 우리가 세상으로부터 분리되어 영 안에 거하는 것을 배운다면, 세상을 향한 하나님의 말씀을 좀 더 분명히 분별하고, 그 말씀을 좀 더 담대히 선포할 힘을 얻지 않겠는가?

성만찬, 혹 성찬은, 우리가 그리스도 안에서 우리의 숨겨짐을 재발견하는 곳이다. 초대교회는 성만찬을 자주, 어쩌면 매일 거행했다. 그렇게 함으로써 자신들의 집이 하나님 안에 있으며, 이 집에서 세상 가운데로 나가 증거하고 섬긴 후에 다시 집으로 돌아와 그리스도의 완전한 평안 가운데 거할 수 있음을 배웠다. 어쩌면 우리도 한 달에 한 번 내지 일 년에 몇 번보다는 좀 더 자주, 우리 주님의 만찬에 참여하는 것이 좋을지도 모른다. 칼뱅도 교회들이 성찬식을 매주 행하기를 원했다. 아니, 우리는 계속 주님과 함께 숨겨져 있을 수 있도록, 매일 성찬에 참여하는 편이 나을지도 모른다.

예수님은 열두 제자를 "자기와 함께 있게 하시고 또 보내사 전도도 하"(막 3:14)게 하려고 부르셨다. 제자들은 자신들이 처한 상황이 어떠할지라도, 언제나 주님의 보호하심에 의존할 수 있음을 배웠다. 그들은 자신의 생명이 그리스도와 함께 하나님 안에 감추어졌음을(골 3:3) 배웠다. 그러나 그다음에 하나님은 그들을 "보내사 전도하게" 하셨다.

하나님은 엘리야가 그릿 시냇가에서 계속 은둔 생활을 하게 두지 않으셨다. 얼마 후 하나님은 엘리야에게 사르밧으로 가서, 궁핍한 과부에게 도움이 되어 주라고 말씀하셨다. 엘리야는 깨진 세상으로 들어가, 고난과 절망 가운데 있는 사람들의 고통을 나누어 지는 법을 배워야 했다. 에스겔도 자기 백성과 분리된 채로 친밀한 영광의 장소 가운데 영원히 머물러 있지 않았다. 환상 직후에 하나님은 그를 델아빕으로 돌려보내어, 백성 사이에 살게 하셨다. 에스겔은 "내가…그중에서 두려워 떨며 칠 일을 지내니라"(겔 3:15)고 서술했다.

### 영성은 밖으로 흘러나간다

우리는 우리 자신만을 위해 영적으로 부유해지고 성장하려는 함정에 빠진 나머지, 결국 세상과 분리되는 일이 발생하지 않도록 조심해야 한다.

월리스 박사는 엘리야와 엘리사에 대해 가르치며, 그리스도인의 삶은 축적한 자원을 쌓아 두는 삶이 아니라고 거듭 말씀하셨다. 우리는 하나님이 우리에게 보내신 자들에게 전도하는 일을 희생해야 한다. 우리의 개인적인 말씀과 기도의 삶을 계발하는 데에만 너무 많은 시간을 써서는 안 된다. 하나님은 우리가 이기적인 '영적 사치'를 누리라고 영적 훈련을 주신 것이 아니다. 그것은 하나님의 방법이 아니다. 영성은 안으로 들어가는 것이 아니라, 밖으로 흘러나가는 것이다. 우리는 마음이 상하고, 고통당하고, 죽어 가는 자들에게 예수님의 이름으로 나아가서 그들과 함께 앉아야 한다. 그렇게 할 때 우리의 모든 필요에 하나님의 은혜가 넘치게 부어진다. 예수님은 어떤 사람보다 하나님의 임재를 더 많이 즐기셨다. 그럼에도 예수님은 "사람들 사이에 앉으셔서 다른 어떤 선지자보다 더욱 그들의 고통과 슬픔을 짊어지셨다."[4] 그분은 배고픔과 목마름을 참으며, 십자가에서 온 세상의 죄를 자신 위에 짊어지셨다.

여기에 바로 지속적으로 새로워지는 비결, 영적 권위의 비결, 그리고 사역에 있어 능력의 비결이 있다. 우리가 이 비결을 배울 때, 우리가 비록 평범한 일반인일지라도, 세상은 우리가 **예수님과 함께 있었음**을 알아볼 것이다!(행 4:13)

**더 깊은 생각과
토의를 위한 질문**

이 질문들에 답하기 전에 열왕기상 17:2-9를 읽으라.

1. 위에서 하나님이 '숨기신' 사람들의 예를 살펴보았다. 당신도 하나님이 숨기신 적이 있는가? 그 시기에 하나님은 당신을 위해 무슨 일을 하셨는가? 당신은 무엇을 배웠는가?

2. 예수님이 제자들을 부르신 이유는 그들과 함께 있고, 또 그들을 보내어 복음을 전파하게 하기 위함이었다(막 3:14). 하나님은 엘리야가 그릿 시냇가에 계속 숨어 있게 허락지 않으셨다. 어느 정도 시간이 지난 후 하나님은 그를 보내어 고난을 당하는 세상에 하나님의 생명을 나누어 주게 하셨다. 이번 장에서, 세상으로 '들어가' 사람들을 섬기기 위해 세상으로부터 분리되어 그리스도와 함께 있는 것에 대해 어떤 것을 배웠는가?

3. 당신이 세상으로 들어가 그곳에서 일할 때, 사람들은 당신을 보고 당신이 '예수님과 함께 있음'을 감지할 수 있는가? 당신은 자신이 '밖으로 나가' 세상을 섬기는 삶과 '집으로 돌아와' 예수님의 임재 안에 있는 삶 사이에 균형을 이루었다고 말할 수 있는가?

더 알아보기

# 홀로 있기

영적인 삶의 진수는 하나님과 동행하고 성령의 능력을 힘입는 것이다(오대원, 《묵상하는 그리스도인》, p.73을 보라). 기도와 하나님의 말씀 묵상을 통해 의식적으로 주님의 임재 안에 있기를 추구하고, 그분이 나와 함께 있기를 소원하시는 것처럼 나도 그분과 함께 있기를 갈망한다고 고백하는 것, 그것이 바로 우리의 영적 여정의 시작이다. 이것이 바로 '홀로 있기'(solitude)의 본질이다. 이는 '오직 하나님과만 있다'는 뜻이다. 즉, 우리를 완전히 알고 사랑하시는 분의 임재 안에서 오직 그분을 기쁘시게 해 드리려는 목적 하나만으로 우리 삶을 살아간다는 뜻이다.

그리스도인으로서 우리는 홀로 있기의 생활방식을 키워 가기 위해 노력해야 한다. 그러려면 매일의 바쁜 일정에서 시간을 따로 떼어 내어 '오직 하나님과만' 함께 있어야 한다.

홀로 있기는 점점 더 우리 자신 속으로 깊이 흘러 들어가는 것이 아니다. 홀로 있기는 밖으로, 즉 세상으로 흘러 들어가는 것이다. 묵상하는 사람은 자신의 영성을 잃지 않기 위해 세상으로부터 자신을 분리하여, 일상의 업무에서 떨어져 있어야 하는 성인이 아니다. 그렇지 않다. 우리는 그리스도와 함께 상업의 중심지로 걸어 들어간다. 우리는 모든 깨어짐을 치유하시는 분과 함께, 깨어진 세상으로 걸어 들어간다.

'홀로 있기'에는 '분리됨과 들어가 일함'이라는 두 가지 중요한 특징이 있다. 우리가 일과 활동에서 떨어져 나와 주님과 함께 거하며 그분과의 교제를 즐길 때, 그리고 그리스도와 함께 세상으로 걸어 들어가 슬픔에 잠긴 자들을 섬길 때, 우리는 그리스도와 함께 홀로 있는 것이다. 분리됨을 통해 세상에서 떨어져 나올 때나 사람들과 관련됨을 통해 세상으로 들어갈 때나 상관없이, 우리는 계속 그리스도와 홀로 있는 것이다. 우리의 가장 큰 염원은, 하나님이 열방을 치유하시는 일에 동참하는 것이다.

제 3 장

# 직접적인 공급과
# 간접적인 공급

*Direct and Indirect Provision*

✝

열왕기상 17:2-24

하나님은 우리에게 사역의 흐름을 가르치심으로, 사역을 위해 우리를 준비시키신다. 때로는 밖을 향한 사역으로부터 우리를 떼어 내어, 우리가 섬기던 사람들에게서 숨기신다. 또 어떤 때는 우리가 사람들과 함께 있도록 인도하시며, 우리 자신을 그들에게 솔직히 열어 그들의 삶에 관여하게 하신다. 우리는 성령님의 인도에 민감하여 이 리듬을 깨닫고 이를 따라 살아야 한다.

그런데 하나님이 우리를 준비시키시는 방법이 또 하나 있다. 바로 우리의 모든 필요를 공급해 주심으로써, 우리가 하나님을 자유롭게 섬기고 다른 사람들의 필요도 넉넉히 채워 줄 수 있게 하시는 것이다. 그분은 우리의 필요가 영적이건 정서적이건 신체적이건 물질적이건 간에, 이 모든 필요를 놓고 오직 하나님만을 의지하라고 가르치신다. 그분만이 우리의 자원이시다. 하나님은 바위에서 물이 나오게 하셨다. 그리고 광야에서는 만나로 그 백성을 먹이셨다. 그 하나님은 오늘도 동일하지 않으신가? 우리의 삶과 사역에 필요한 모든 것은 우리의 목자가 공급하신다.

### 직접적인 공급과 간접적인 공급

하나님은 직접적인 수단과 간접적인 수단을 모두 사용하셔서 엘리야의 필요를 공급하셨다. 하나님은 먼저 그릿 시냇가의 마실 물을 주시고 까마귀를 통해 먹이심으로써 엘리야의 필요를 직접 공급해 주셨다. 그 후에는 사르밧 과부를 통해 간접적으로 엘리야의 필요를 채우셨다.

까마귀는 날마다 두 번씩 엘리야를 먹일 떡과 고기를 어디서 구했을까? 그 땅 전체에 기근이 점점 더 심해지고 있었고 좋은 음식은 드물었다. 그렇지만 음식이 결코 궁핍하지 않은 한 장소가 있었는데, 그곳은 왕의 식탁이었다. 오늘날 가난한 나라에서 많은 사람이 굶주려도 지도자들은 계속 호사스럽게 사는 것과 마찬가지로 엘리야의 시대도 그러했다. 어쩌면 까마귀들은 아합 왕의 식탁에서 음식을 가져다가 왕의 음식으로 엘리야를 먹였는지 모르겠다.

사역을 시작하면서 엘리야는 하나님이 표징을 보여 주시길 원했다. 하나님이 자신을 돌보시리라는 표징 말이다! 궁극적으로 그는 자신의 필요를 위해 사람을 의지하지 말고 하나님만을 의지해야 함을 깨달았다.

허드슨 테일러도 이 영적 진리를 알고 있었다. 허드슨 테일러의 친구들은, 그가 어느 서방 선교사도 가 본 적 없고 아이들을 제대로 먹일 양식도 구할 수 없는 중국 내륙 깊은 곳으로 세 자녀를 데려간다며 그를 비난했다. 그러나 그는 자기 자신도 아버지로서 자녀의 필요를 잘 아는데, 아버지 하나님이야말로 그 자녀의 모든 필요를 잘 알지 않으시겠냐고 반문했다. 그 후 허드슨 테일러는 자신의 필요를 하나님이 채우실 것을 신뢰하는 법을 아는 선교사들을 5천 명 이상 일으켰다.

"얼마 후에 그 시내가 마르니라…"(왕상 17:7). 하나님은 많은 방법을 사용하여 자기 백성의 필요를 채워 주시는 분이지만, 그 어떤 방법도 영구적인 것은 아니다. 그리고 그 어떤 방법도 다른 방법들보다 더 영적인 것은 아니다. 우리는 하나님만 절대적으로 신뢰하는 법을 배워야지, 그분이 사용하시는 방법이나 원리를 신뢰해서는 안 된다. 하나님의 방법도 변할 수 있다. 그러나 오직 하나님만이 영구히 변하지 않으신다. 그분의 말씀도 변하지 않는다.

"내가 그곳 과부에게 명령하여 네게 음식을 주게 하였느니라"(왕상 17:9). 하나님은 엘리야에게 그를 도울 만한 사람이 전혀 없을 때 하나님을 신뢰하는 법을 가르치시려고, 까마귀를 통해 **직접** 그를 먹이셨다. 그다음에는 다른 사람을 통해 **간접적으로** 그를 먹이셨다. 엘리야는 하나님이 자기를 섬기게끔 준비해 놓으신 사람이, 자기 아들을 마지막으로 먹일 한 끼의 식량밖에 남지 않은, 거의 죽음 직전의 상황에 있는 여인이라는 사실을 알고는 분명히 큰 충격을 받았을 것이다. 그는 하나님이 자신에게 보내신 '수종 드는 천사'가 이 가난한 여인이라는 사실을 믿기가 너무나 어려웠을 것이다. 그 과부도 선지자가 오리라는 계시를 받지 못했고, 따라서 엘리야가 마지막으로 남은 양식을 달라고 했을 때 역시 놀랐을 것임에 틀림없다. 하지만 하나님은 엘리야에게 가난에 시달리는 이 과부에게 가서 한 끼만 부탁하라고 하지 않으셨다. 그분은 엘리야에게 그곳에 가서 살라고 말씀하셨다!

사실 그들은 둘 다 서로가 필요했다. 엘리야는 하나님이 자기를 보내어 섬기게 하신 사람들이 어떤 고통을 겪는지 진정으로 이해하기 위해, 또 자신의 생명을 유지하기 위해 그 과부가 필요했다. 과부 역시 자기 목숨을 건져 주고 소망을 회복시켜 줄 사람인 엘리야가 필요했다. 신약을 보면, 나중에 예수님은 가버나움에서 엘리야와 과부에 관한 이 이야기를 설교하시면서, 이 가난한 여인이야말로 온 땅을 통틀어 엘리야를 섬기기에 가장 적절하지 않아 보이는 사람이었음을 강조하셨다. 이 여인은 이스라엘 사람도 아니었으며, 기근이 퍼진 페니키아의 시돈 땅에 살고 있었다. 그럼에도 여인은 '엘리야의 말대로' 순종했다. 그랬더니 여인의 필요가 '여호와께서 하신 말씀 그대로' 공급을 받았다. "통의 가루가 떨어지지 아니하고 병의 기름이 없어지지 아니하니라"(왕상 17:16).

테레사 수녀는 종종 자기 주변에 있는 가난한 사람들이 얼마나 아름답고 관대한지 이야기하면서, 자신이 그들을 섬기는 것보다 그들에게 섬김 받은 것이 훨씬 더 많았다고 말했다. 그리고 하나님이 종종 우리 주변에 가난하고 깨어지고 빈곤한 사람들을 많이 두셔서, 그들을 통해 우리의 필요를 채우신다고도 말했다. 우리가 그들을 섬기러 가지만, 사실 그들이 우리를 섬겨 준다! 때때로 세계선교라는 큰 대의는, 부유한 교회나 돈 많은 크리스천들이 진전시킨다기보다는, 복음을 알고 관대한 정신으로 그 복음에 따라 사는 가난하고 궁핍한 사람들이 더 많이 진전시킨다. 바울은 마게도냐의 교회들, 그중 특히 빌립보 교회를 언급하며 "환난의 많은 시련 가운데서 그들의 넘치는 기쁨과 극심한 가난이 그들의 풍성한 연보를 넘치도록 하게 하였느니라"(고후 8:2)고 말했다.

## 믿음으로 살기

재정 면에 있어 '믿음으로 살기'란 무슨 뜻인가? 여기서 논하는 바는 외국으로 나가 믿음으로 사는 선교사들에 관한 것만이 아니라, 어디에 살든지, 어떤 직업을 가졌든지, 아니면 직업이 있든지 없든지 상관없이, 모든 크리스천에 관한 것이다. 모든 하나님의 백성은 믿음으로 살아야 한다. 그 외에는 하나님을 기쁘시게 해 드릴 방법이 없기 때문이다!(히 11:6) 어떤 사람들은 눈에 보이는 어떤 지원 수단 없이 믿음으로 살아간다. 또 어떤 사람들은 회사로부터 봉급을 받지만, 모든 자원이 하나님의 것임을 알고 자기 돈이나 재산이나 소유물을 자기 것으로 취하지 않으면서 믿음으로 산다. 하나님은 그들의 필요도 공급하신다.

'믿음으로 살기'란, 매일 아침 일어났을 때, 숨 쉴 공기를 주시고 그분의 이름을 영화롭게 할 또 하루의 생명을 주셨음에 감사하고 하나님을 찬양하며 사는 것이다. 그것은 우리가 가진 모든 것의 소유권을 하나님께 드려 그분의 뜻대로 쓰시도록 하며, 그분이 우리의 재정을 다스리시도록 내어 드린다는 뜻이다. 믿음으로 산다는 말은 나의 모습 전부와 내가 가진 전부를 하나님이 그분의 영광을 위해 쓰시도록 그분의 손에 맡겨 드린다는 뜻이다. 그것은 성령님이 다른 이들에게 주라고 말씀하실 때 그대로 순종하여 후하게 주는 삶을 산다는 뜻이다. 그것은 성령님이 돈을 저축해야 할 이유를 가르쳐 주시면 돈을 은행에 넣어 저축을 한다는 뜻이다. 아니면 은행에서 돈을 꺼내 성령님이 택하시는 사람에게 준다는 뜻일지도 모른다. 그것은 우리의 모든 필요를 놓고 하나님만을 신뢰하되, 하나님이 다른 사람을 시켜 우리의 필요를 공급하게 하실 때 감사하고 겸손할 줄 안다는 뜻이다. 여기에 믿음으로 사는 데 반드시 필요한 두 가지 요소가 있다. 첫째는 하나님과의 친밀함이다. 이는 생활방식이자, 말씀을 통해 받는 매일의 훈련이다. 둘째는 후하고 관대한 정신이다. 이것을 통해 우리는 가난할지라도 기쁨으로 줄 수 있게 된다.

당신은 하나님을 이 정도까지 기꺼이 신뢰하고 전적으로 그분을 따르겠는가? 그렇다면 당신은 하나님과 함께 신 나는 여정을 출발할 시점에 와 있다. 그리고 하나님은 당신의 삶을 사용해 많은 사람, 심지어 나라들에 복 주실 것이다!

### 위기가 닥칠 때

엘리야는 날마다 하나님의 은혜와 자비의 기적들을 맛보며 그 과부의 집에 거했다. 그는 과부가 아들을 양육하는 것을 도왔을 것이다. 그 아이에게 하나님의 참된 제자의 길을 가르쳤을 것이다. 그러나 그 아들이 갑작스럽게 죽게 되면서 위기가 닥쳤다. 과부는 엘리야가 그때까지 행한 모든 일에 의문을 품기 시작했다. 엘리야가 등장하기 전까지 과부는 (비록 바알 숭배를 통해서였지만) 이스라엘에 번영이 있었음을 기억했다. 과부는 하나님이 자신을 위해 행하신 기적을 다 잊었다. 하나님은 자비의 하나님이시던가? 아니면 심판의 하나님이시던가? 과부의 내적 갈등은 무척 심했을 것이다.

엘리야와 이 과부의 모습이 우리에게도 있지 않은가? 우리는 우리를 격려해 주는 많은 표적, 하나님의 은혜와 사랑의 표적들에 둘러싸여 있다. 그렇지만 어떤 표적들은 하나님의 선하심과 공급하심을 의심케 하기도 한다. 이 세상에서 사탄의 권세는 여전히 강하다. 무고한 자들이 고통을 겪고, 심지어 죽기까지 한다. 엘리야는 자신이 체험한 위대한 기적과 이 큰 비극을 어떻게 조화시킬 수 있었을까? 여기서 우리는 엘리야의 인간적인 모습을 본다. 그는 우리와 똑같은 사람이었다. 우리의 믿음은 시험을 받되, 때로는 날마다 시험을 받는다. 그럴 때 우리는 하나님께 "내가 믿나이다 나의 믿음 없는 것을 도와주소서"(막 9:24)라고 부르짖을지언정 그분을 온전히 신뢰하기로 결정해야 한다.

이 이야기를 통해 우리는 두 가지 표징을 보았다. 하나님은 기적적으로 엘리야를 먹이심으로써 자신이 그를 얼마나 사랑하고 잘 돌보시는지 보여 주셨다. 그다음에 하나님은 과부와 그 아들이 잘 지낼 수 있도록 공급하심으로써 그들을 향한 사랑의 표징을 보여 주셨다.

그런데 세 번째 표징이 있었다. 두 가지 표징에 곧이어 부활의 표징이 뒤따랐다! 엘리야가 믿음에 의거해 행동하고 기도하자 아이가 다시 살아난 것이다! 사실은 세 번의 부활이 일어났다. 하나님이 기적적으로 엘리야를 먹이셨을 때 엘리야 자신의 부활이 일어났으며, 과부가 죽음에 직면했을 때 과부의 부활이 일어났고, 마지막으로 과부의 아들이 죽음에서 부활했다. 이 이야기는 인류의 역사에서 가장 중심이 되는 사건을 가리킨다. 예수 그리스도가 죽음에서 부활하신 것은, 사탄의 공격, 세상의 불신앙, 하나님의 백성 중에 만연한 의심에 대한 하나님의 최종 해답인 것이다.

하나님은 죽어 가는 나라를 다시 살릴 더 큰 전쟁을 치르도록 엘리야를 준비시키기 위해 이 세 표징을 사용하셨다. 엘리야가 어떻게 이 문제를 다루었는지 주의해 보라. 그는 즉시 부활의 하나님을 전적으로 신뢰하며 기도했다. 또한 은밀히 기도했다. 그는 하나님의 모든 기적을 널리 알리려고 하지 않았다. 그저 엘리야가 조용히 하나님 안에 거하고 그분의 말씀을 신뢰했을 때, 기적이 일어났다.

이 기적들은 곧 닥쳐 올, 엘리야의 인생 중 가장 큰 시험을 위해 그를 준비시켰다. 그것은 바로 나라를 구하기 위해 갈멜 산에서 바알의 선지자들과 대면하는 사건이었다. 또한 이 기적들은 과부를 준비시켰다. 그 과부는 겉보기엔 하찮은 한 사람일 뿐이었지만, 나중에는 온 나라의 상징이 되었다. 구원하시는 하나님의 사랑에 대한 과부의 반응은, 이제 곧 갈멜 산에서 나타날 큰 기적을 통해 이스라엘이 살아 계신 하나님을 다시 믿게 되리라는 표징이었다.

**더 깊은 생각과
토의를 위한 질문**

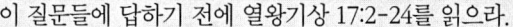

이 질문들에 답하기 전에 열왕기상 17:2-24를 읽으라.

1. 크리스천이 된다는 것은 자신의 삶과 재산의 소유권을 하나님께 양도해 드려, 그분이 마음대로 쓰시게 함을 내포한다. 이는 인간적인 수입원 없이 하나님을 신뢰하건, 정기적인 월급을 받으며 하나님을 신뢰하건 상관없이 **모든** 그리스도인이 **믿음으로** 살아야 한다는 뜻이다. 우리 삶이 여러 계절을 지나는 동안, 하나님은 때로 이런 방법으로 살도록 인도하시기도 하고, 때로는 다른 방향으로 인도하시기도 한다. 어느 한 가지 재정적 생활방식만이 절대적인 방법인 것은 아니며, 그 어떤 방법도 영구적인 것이 아니다. 오직 하나님만이 우리가 가진 모든 것의 원천이시며, 때로는 공급 방법을 바꾸신다. 믿음으로 살려면 모든 소유권을 하나님께 이체해 드리고, 그분과의 친밀함을 구하는 가운데 후하고 관대하게 행하는 것이 꼭 필요하다. 당신은 하나님 앞에 믿음으로 살기로 결단했는가? 그렇다면 당신의 생활방식이 어떻게 변화해야 할까?

2. 하나님은 엘리야의 필요를 채우며 격려하기 위해, 그가 전혀 알지 못했던, 가난에 시달리는 이방 여인에게로 그를 보내셨다. 그 이유가 무엇이라고 생각하는가? 테레사 수녀는 가난한 사람들이 놀라운 방법으로 자신의 필요를 채워 주었다고 했다. 이것이 오늘날 우리의 필요에 관해 시사하는 점은 무엇인가?

3. 과부의 아들이 죽었을 때 엘리야와 그 과부가 얼마나 끈질겼는지 유의해 보라. 그들은 둘 다 하나님께 화를 냈고, 하나님이 그 아들을 죽음에서 다시 살리시기 전까지는 포기하기를 거부했다. 누가복음 18장 1-8절에 나오는 끈질긴 과부의 비유를 읽어 보라. 여기에서 무엇을 배울 수 있는가?

더 알아보기

# 하나님과의 친밀함 및
# 후하게 베푸는 마음

때로는 하나님이 어떤 사람을, 모든 것을 버리고 오직 하나님이 모든 필요를 공급하실 것을 신뢰하도록 하는 특별한 일에 부르시는 경우가 있다.

허드슨 테일러, 윌리엄 캐리, 조지 뮬러와 같은 위대한 선교사들을 포함한 많은 이들이 이러한 부르심 속에서 살았다. 그리고 하나님은 그들의 모든 필요에 맞는 것들을 정말 완벽하게 공급하셨다. 그래서 조지 뮬러는 정기적인 수입이나 후원자 없이도 수천 명의 고아를 날마다 먹일 수 있었고, 허드슨 테일러는 자신과 같이 재정 분야에서 하나님 한 분만을 신뢰하고 사는 선교사들을 5천 명이나 일으켰다.

하나님은 이런 방식으로 살도록 사람들을 부르실 때, 종종 그들에게 믿음의 **은사**를 주신다(고전 12:7-11). 이 은사를 통해 그들은, 다른 사람들은 신뢰하지 못할 만한 상황에서 하나님을 신뢰할 수 있게 된다. 이런 사람들은 사역을 위한 자금을 마련하는 데 온 힘을 쏟지 않는다. 그보다는 **하나님과의 친밀함**, 그리고 하나님을 기쁘시게 하는 삶을 사는 데 집중한다.

이런 사람들에게서 공통적으로 찾아볼 수 있는 특징은 바로 **후하게 베푸는 마음**이다. 고린도후서 8장과 9장을 읽으며, "환난의 많은 시련 가운데서 넘치는 기쁨"을 드러내고 "극심한 가난" 가운데서 "풍성한 연보를 넘치도록" 했던 마게도냐 교회의 정신을 주의 깊게 살펴보라. 이 말씀들을 읽으며 하나님의 약속들을 찾아보라. 또한 어떻게 마게도냐 교회들을 통해 그리스도의 몸이 세워졌는지를 살펴보라.

제 4 장

# 숨겨진 교회

*The Hidden Church*

†

열왕기상 18:1-16

엘리야의 준비는 계속되었다. 분명히 엘리야는 바깥세상에서 무슨 일이 일어나고 있는지 궁금했을 것이다. 3년이 지났다. 하지만 아무것도 변하지 않았다. 하나님이 계속 그를 침묵 속에 숨겨 두셨기에, 나라의 운명을 바꾸기 위해서 엘리야가 할 수 있는 것은 아무것도 없었다. 하나님은 나중에 그분 자신의 아들, 고난당하는 종(Suffering Servant) 예수에게 하실 일과 똑같은 일을 엘리야에게 하고 계셨던 것이다.

예수님이 그러셨듯, 엘리야는 이미 하나님의 말씀을 가지고 있었다. 하나님은 엘리야의 입을 "날카로운 칼"같이 만드셨지만, 그럼에도 그를 자신의 손 그늘에 숨기셨다. 하나님은 그분의 말씀이 그 땅 전체에 널리 퍼지도록 엘리야를 "갈고 닦은 화살"로 만드셨지만, 여전히 그를 화살통에 감추어 두셨다(사 49:2).

### 타이밍(때)의 중요성

타이밍은 엘리야의 사역에서 핵심이었고, 이는 오늘날의 우리에게도 마찬가지다. 모든 시간은 하나님의 손 안에 있으며, 엘리야는 하나님이 이제 행동할 시간이 되었으니 움직여도 된다고 말씀해 주시기 전까지는 아무 일도 할 수 없었고 아무 말도 할 수 없었다. 하나님의 적절한 때에 행해진 적절한 일은, 아주 강력한 결과를 낳는다.

요셉은 13년을 기다렸고, 모세는 40년을 기다렸다. 구약의 선지자들은 메시아가 오시리라고 예언했지만, 하나님은 그들이 메시아를 기다리고 지켜보다가 지치고 난 후에도 한참이 지나서야, 그분의 아들을 보내 주셨다. 그러나 하나님의 타이밍은 완벽했다! "때가 차매 하나님이 그 아들을 보내사"(갈 4:4). 예수님 역시 이 땅에 오신 후에도, 세상을 구원하는 사역을 시작하기까지 30년을 기다리셨다.

오직 하나님만이 시간과 계절을 아시며, 그분만이 언제

"네 자신을 숨겨라. 때가 아직 이르지 않았다"고 말씀해야 할지 아신다. 우리는 기다리느라 지쳐서는 안 된다. 하나님의 적절한 때에 관해 하나님을 신뢰해야 한다.

그리고 드디어 이제 하나님의 때가 왔다. 사역의 리듬을 아는 사람이었던 엘리야는 겸손함으로 인내하면서 기다렸고, 그 기다림 끝에 하나님이 말씀하셨다. "너는 가서 아합에게 보이라"(왕상 18:1). 이제 아합의 집을 무너뜨리고, 하나님의 백성에게서 그 악함을 벗겨 낼 때가 온 것이다.

우리는 이 상황을 마태복음 13장 24-30절에 나오는, 곡식과 가리지의 비유를 통한 예수님의 가르침에서 가장 잘 이해할 수 있다. 곡식과 가라지는 추수 때까지 함께 자란다. 이와 같이, 세상에도 선과 악이 섞여 있으며, 진리는 거짓과 공존한다. 좋은 곡식이 추수를 위해 익어야 하는 것처럼 악도 추수 전까지 '심판을 위해 무르익어야' 한다. 너무 일찍 그들을 분리하는 것은 좋지 않다.

이세벨은 이스라엘의 곡식 사이에 가라지를 심어 두었다. 이제 가라지인 바알이 무르익었으나, 그것은 하나님의 추수를 위한 것이었다. 하나님이 엘리야를 3년 동안 숨기신 이유는, 엘리야가 아직 준비되지 않았고, 상황도 아직 준비되지 않았으며, 섣불리 나섰다가는 엘리야가 죽임을 당할 수도 있을 것임을 아셨기 때문이다.

우리는 엘리야라는 사람의 용기에 대해 잘 이해해야 한다. 당시 아합 왕은 이스라엘이 겪던 온갖 고난의 책임을 엘리야에게 돌리면서 그를 죽이겠다고 맹세했다. 하지만 하나님이 엘리야를 숨기셨기 때문에 아합 왕의 군대가 엘리야를 찾아 온 땅을 샅샅이 뒤졌음에도 그를 찾지 못했다. 엘리야는 혼자였다. 그의 편은 아무도 없었다. 그러나 엘리야는 단호한 결단으로 하나님께 순종하여, 아합과 이세벨, 그리고 수백의 바알 선지자들 및 자신을 이해하지도 받아들이지도 않는 온 나라와 대면하러 나섰다. 우리는 이러한 엘리야의 모습에서, 나중에 악의 세력에 정면으로 대항하고 자기 생명을 십자가에 내려놓기 위해 굳은 결단으로 예루살렘을 향해 가셨던 예수님의 모습을 미리 엿볼 수 있다.

하지만 정말로 엘리야가 혼자였는가? 비록 그가 혼자 일어서긴 했지만, 자기 나라의 운명을 염려하는 다른 신자들은 이스라엘에 정녕 없었던가? 아니다. 사실 있었다. 그리고 나중에 하나님은 **숨겨진 큰 교회**가 있다고 엘리야에게 말씀하셨다. "그러나 내가 이스라엘 가운데에 칠천 명을 남기리니 다 바알에게 무릎을 꿇지 아니하고 다 바알에게 입맞추지 아니한 자니라"(왕상 19:18). 어쩌면 하나님은 이 숨겨진 크리스천에서 몇몇을 인도하여, 그들이 엘리야를 위해 기도하게 하셨을지도 모른다.

## 숨겨 놓은 믿는 자, 오바댜

엘리야는 하나님이 숨겨 놓은 신자들 중 하나를 만나게 된다. 오바댜는 "여호와를 지극히 경외하는 자"였다. 그는 아합 왕의 정부에서 상당히 유력한 자리에 있었으며, 바알 숭배의 중심인 아합 왕의 궁전에 살고 있었다. 갈멜 산에서 일어나게 될 엘리야의 기적이 위대한 만큼, 오바댜가 아합 왕의 궁전에서 계속 살았다는 사실도 기적이었다.

하나님은 오바댜가 아합 왕에게 호의를 입도록 인도하셨다. 그래서 아합은 오바댜에게 왕궁의 모든 책임을 맡겼다. "사람의 행위가 여호와를 기쁘시게 하면 그 사람의 원수라도 그와 더불어 화목하게 하시느니라"(잠 16:7).

오바댜는 아합에게 속한 모든 것을 책임지고 있었다. 그는 아합의 '인'을 가지고 있었다. 따라서 자신이 원하는 대로 음식이나 다른 필수품 등을 배급할 수 있었다. 오바댜는 자신의 이런 유력한 지위를 사용해 다른 이들의 생명을 구했다. 그는 엘리야를 자신의 주인으로 여겼으며, 여호와의 선지자 백 명을 숨기고 식량을 공급하며, 최선을 다해 그들을 보호했다. 엘리야는 하나님께 충실하고 자신에게도 충실한 오바댜가 꼭 필요했다.

세상을 향한 교회의 선교에서 그 핵심은, **크리스천의 존재**(Christian Presence)**의 능력이다.** 선교를 위해 우리가 꼭 안수를 받은 목사가 되거나 전문적인 선교사가 될 필요는 없다. 예수 그리스도의 주인 되심을 세상에 증언하는 가장 큰 증거는 바로 타협하지 않고 하나님의 영광을 위해 사는 삶이기 때문이다. 이 삶은 세계 복음화를 위한 도구가 되기로 예수 그리스도께 전적으로 헌신한 삶이다. 현재 내가 있는 곳이 어디이든 상관없이 하나님이 그분의 뜻대로 나를 사용하실 수 있도록 내어 드린 삶이다. 지금 내가 있는 곳이 사업계이건 교육계이건 예술계이건 아무런 상관없다. 단지 우리가 하나님께 헌신되어 있기만 하다면, **우리가 있는 바로 그 자리**에서 하나님이 그분의 영광을 위해 우리를 어떻게 쓰실지 아무런 제한이 없는 것이다.

성경에서 우리는 오바댜와 같은 사람들을 많이 찾아볼 수 있다. 다니엘은 바벨론과 바사의 왕궁에 있을 때 타협하지 않았다. 오히려 그는 여호와를 경외하고, 그분의 길을 이해하고자 하는 결심을 굳혔다. 나아만은 전쟁에서 승리를 거둔 아람 왕의 군대장관으로 고향에 돌아갔지만, 엘리사에게 고침을 받고 나서는 '하나님을 믿는 숨겨진 신자'로서 고향에 돌아갔다. 사도 바울은 빌립보에 보내는 편지를 "모든 성도들이 너희에게 문안하되 특히 가이사의 집 사람들 중 몇이니라"(빌 4:22)는 말로 끝맺었다(여기서 가이사는 당시 기독교를 심하게 핍박했던 폭군으로 유명한 로마의 네로 황제임 – 편집자).

### 숨겨진 교회

이렇듯 엘리야의 시대에는 숨겨진 교회가 존재했다. 그리고 오늘날에도 전 세계의 거의 모든 나라에 숨겨진 교회가 존재한다. 이 숨겨진 교회 중에는 대통령이나 수상, 심지어 독재자들의 권력 중심부에서 살아가는 다양한 남녀노소가 있다. 이들 중 많은 수가 그들 위에서 권력을 마음껏 행사하는 자들의 손에 맡겨져 있다. 이들은 모두 충성된 하나님의 백성이며, 하나님은 그분의 큰 목적을 위해 열방 가운데에 이들을 숨겨 두셨다.

하나님은 오늘도 중보자들을 불러, 그분의 숨겨진 교회를 위해 기도하라고 말씀하신다. 많은 사람이 이런 숨겨진 크리스천에게 양식을 비롯한 여러 가지를 지원함으로써 그들을 돕기 위해 애쓰고 있다. 그러나 숨겨진 교회는 그 정의 자체로도 알 수 있듯이, 외부 사람들은 접근할 수 없는 교회다. 어느 한 나라만 살펴보더라도, 그 나라의 숨겨진 교회에 얼마나 많은 크리스천이 있는지 아무도 모르며, 숨겨진 사람들 대부분 바깥과의 접촉이 거의 없을 것이다. 따라서 많은 경우, 그들을 실제적인 방법으로 돕기란 불가능하다. 하지만 우리가 할 수 있는 것이 한 가지 있다. 그것은 바로 그들을 위해 중보하는 것이다.

그럼에도 대부분 크리스천은 중보기도보다는 물질적인 방법으로 돕는 것에 더 힘쓰고 있다. 하나님은 이들이 왜 기도하지 않는지 의아해하신다. 선지자들의 말을 살펴보면, 사실 이것이 하나님께 큰 충격임을 알 수 있다. "사람이 없음을 보시며 중재자가 없음을 이상히 여기셨으므로…"(사 59:16). "이 땅을 위하여 성을 쌓으며 성 무너진 데를 막아서서 나로 하여금 멸하지 못하게 할 사람을 내가 그 가운데에서 찾다가 찾지 못하였으므로"(겔 22:30).

선교사들은 세계 거의 모든 나라에 복음을 들고 들어갔다. 오늘날은 역사적으로 전무후무한 위대한 세계선교의 시기 중 하나이며, 미전도 종족들에게 복음이 전해지고 있는 때다. 하나님은 이란에, 미얀마에, 북한에, 그리고 잊힌 부족들과 접근이 어려운 종족들 안에도 그분의 교회를 세우셨다. 예전에는 북한에 교회가 번창했지만, 지금 북한의 교회는 숨겨져 있다. 그렇지만 평양의 대동강 가를 거닐며 아름답게 흐르는 강물을 더욱 빛나게 하는 위풍당당한 수양버들을 보노라면, 그 땅에 복 주고 백성에게 번영과 평안을 가져오기 위해, 그곳에 하나님의 사람들이라는 의의 나무를 심으신 하나님의 신비와 지혜에 감탄할 수밖에 없다. 우리 가운데, 하나님께 귀 기울이며 그분의 뜻에 순종할 준비가 되어 기다리고 있는 오바댜는 과연 얼마나 있는가?

우리는 숨겨진 교회를 위해 중보해야 한다. 보이지 않는 이 크리스천들에게 하나님이 은총을 허락하셔서, 그들이 자신들의 나라를 축복할 수 있게 되도록 간구하라. 그들이 역경 가운데 신실할 수 있도록 기도하라. 그들의 건강과 그 가족들의 평안을 위해 기도하라. 하나님이 초자연적으로 그들에게 직접 나타나셔서, 그들을 격려하고 힘을 주시고, 또 그들에게 그들이 "알지 못하는 크고 은밀한 일"(렘 33:3)을 말씀해 주시도록 기도하라. 그들이 굳건케 되고 담대하여, 있는 자리에서 그리스도의 증인이 되도록 기도하라.

엘리야가 했던 것과 같은 기도 사역은 모든 크리스천에게 열려 있다. 하나님은 우리에게 열 때마다 우리를 부요케 해주는 그분의 보물 상자를 주셨다. 그것은 바로 그분의 말씀이다. 하나님은 그리스도를 통해 하셨던 일, 그리고 심지어 그보다 더 큰 일까지도 하실 준비를 모두 끝내셨다. 그리고 그 일들은 모두 기도로 가능해진다(요 14:12-14).

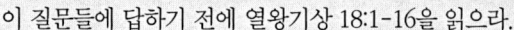

**더 깊은 생각과
토의를 위한 질문**

이 질문들에 답하기 전에 열왕기상 18:1-16을 읽으라.

1. 크리스천을 향한 핍박은 역사상 그 어떤 때보다 지금 더 크다. 그 결과 중에서 하나는, 많은 크리스천이 자기 나라의 다른 크리스천들에게조차 알려지지 않은 채 바깥세상으로부터 숨겨져 있다는 점이다. 어쩌면 그들 중에, 하나님이 열방 가운데 유력한 자리에 두신 많은 오바댜가 있을지도 모른다. 또 자신의 상황에 대해 정정당당히 이야기할 만한 목소리가 없는 사람들이 있다. 당신은 오늘날 세상에서 '목소리 없는 자들을 위한 목소리'가 되는 것이 무슨 뜻이라고 생각하는가? 이 핍박당하며 숨겨져 있는 크리스천들을 도울 방법으로는 어떤 것들이 있겠는가?

2. 핍박받는 크리스천들을 위해 기도할 방법들을 생각해 보라. 하나님께 이 '하나님의 작은 사람들'을 위한 그분의 마음을 나눠 달라고 간구하라. 하나님의 보좌 앞에 그들을 올려 드리면서, 그들의 고난에 동참할 수 있는 방법을 알려 달라고 구하라.

3. '그리스도인의 존재'라는 용어는, 예배를 위해 모일 권리나 자유롭게 기도하고 성경을 읽을 권리는 없더라도, 그들의 존재 자체로써 그리스도의 증인이 되는 크리스천들을 일컫는 용어다. 당신은 오늘날 고난당하는 교회 가운데 이런 '크리스천의 존재'가 얼마나 중요하다고 생각하는가?

더 알아보기

# 숨겨진 교회

현재 우리가 들어가기 어려운 나라들에 존재하는 지하교회는 사실 숨겨진 교회를 말한다. 그들은 겉으로는 거의 눈에 보이지는 않지만, 분명히 존재하고 있다. 하나님은 그 땅들의 전략적인 곳곳에 오바댜와 같은 사람들인 그분의 '의의 나무'를 심어 두셨다.

정부에 허락을 받아 나라의 수도에 교회를 세운 교회들도 종종 있다. 하지만 이러한 교회들은 하나님의 말씀이 선포되고, 또 크리스천들이 하나님을 찬양하고 성찬식을 행할 수 있게 될 때 비로소 진정한 교회라고 불릴 수 있을 것이다.

이런 나라들 안에서 대부분 크리스천은 정부 당국이나 외국에서 온 방문객의 눈에는 띄지 않는다. 그들은 숨겨져 있다. 그러나 죽어 있지는 않다. 오히려 아주 생생히 살아 있다. 그들은 숨겨진 교회로서 계속해서 악의 세력들과 싸우며, 성령님의 보호하심을 통해 승리하여 서 있다. 토머스 머튼(Thomas Merton)은 고난당하는 교회뿐만 아니라 "교회 전체가 아직도 애굽에서 나오는 중이다"라고 말한다. 교회는 "바로(세상, 마귀, 죄)의 속박에서 해방되었고, 약속의 땅으로 가는 여정(광야) 가운데 보호받으며, 마침내 하늘나라에서 하나님과의 완전한 연합이 주는 평안으로 들어가게 된다."[5]

시편을 사랑한 머튼은, 시편을 하늘이 광야로 내려 주는 양식이라고 말한 바 있다. 그렇기에 시편은 하나님을 부정하는 나라에서 살고 있는 크리스천들, 엘리야 시대에 바알에게 무릎 꿇지 않은 7천 명의 신자들과 같은 크리스천들을 위해 기도할 때 아주 훌륭한 자료가 된다. 우리가 할 수 있는 가장 큰 일은 그들을 위해 기도하며, 그들을 하나님의 사랑의 돌보심에 맡겨 드리는 것이다. 곧 이 '숨겨진 크리스천' 중 많은 사람이 일어나게 될 것이다. 그들은 독재정부가 다스리는 나라 가운데 하나님이 회복하고 계시는 교회의 지도자들로서, 모든 사람의 눈앞에서 하나님을 섬기도록 쓰임 받을 날이 곧 올 것이다.

제 5 장

# 영적 전쟁
*Spiritual Warfare*

†

열왕기상 18:17-46

모든 크리스천은 영적 전쟁에 관여하고 있다. 사도 바울은 우리가 치르는 전쟁을 이렇게 묘사한다. "우리의 씨름은 혈과 육을 상대하는 것이 아니요 통치자들과 권세들과 이 어둠의 세상 주관자들과 하늘에 있는 악의 영들을 상대함이라"(엡 6:12).

그 전쟁의 결과는, 엘리야의 경우가 그랬듯이 우리에게도 분명히 정해져 있다. 하나님이 엘리야에게 아합 왕을 대면하라고 하셨던 것은, 아합 왕을 조종하면서 이스라엘 땅에 어둠을 퍼뜨리고 있는 모든 영적 통치자와 권세들, 세상에 있는 모든 악의 세력에 정면으로 부닥치라며 그를 부르시는 것이었다. 그다음에 하나님은 이렇게 덧붙이신다. "내가 비를 지면에 내리리라"(왕상 18:1). 오랫동안 이어져 온 기근은 끝날 것이었고, 하나님은 다시 한 번 백성의 생명을 회복시키고 열매를 맺게 하실 것이었다.

**이스라엘을 괴롭게 하는 자**

비록 숨겨진 교회가 엘리야를 둘러싸고 있긴 했어도, 공개적인 전쟁을 치르도록 하나님이 부르신 사람은 엘리야 한 사람뿐이었다. 엘리야는 먼저 아합 왕을 만나야 했다. 아합은 엘리야를 보자 "이스라엘을 괴롭게 하는 자여 너냐"는 이상한 말로 인사했다. 하지만 사실상 아합이야말로 이스라엘을 괴롭게 하는 자였다. 아합은 하나님의 계명을 버리고, "하늘에 있는 악의 영들"인 다른 신들을 따름으로써 이스라엘의 고난을 자초했다. 고대 이스라엘의 역사는, 하나님의 말씀에 등을 돌리고 거짓 우상들을 따르는 나라가 어떻게 되는지 보여 주는 좋은 사례다. 또한 오늘날, 참되신 한 분 하나님에게서 돌이켜 거짓 우상들을 숭배하고 있는 미국, 유럽의 국가들, 대한민국을 비롯한 여러 나라에 경고가 되는 선례다.

그런데 왜 아합은 이 엘리야 한 사람 때문에 마음이 불편

했을까? 어쩌면 "천하를 어지럽게 하던 이 사람들이 여기도 이르매"(행 17:6)라고 말하던 데살로니가의 믿음 없는 유대인들이 바울과 실라 안에서 본 그것을, 아합도 엘리야 안에서 보았는지 모르겠다. 아합은 엘리야가 바알의 선지자 450명 및 아세라의 선지자 400명과의 정면 대결을 요청했을 때, 자기 세계가 곧 전복되리라는 사실을 분명히 알았다.

**기적들은 한 가지 표징을 나타낸다**

엘리야의 설교는 그가 일으킨 기적보다 더 중요했다. 이 점은 신약의 모든 기적, 그리고 오늘날 일어나는 모든 기적에 있어서도 동일하다. 기적들은 한 가지 표징을 나타낸다. 하나님이 자신의 백성에게 복 주기 위해, 그리고 그들을 가르치기 위해 계속 기적을 행하신다는 것이다. 그런 기적이 나타내는 표징은 하나님의 참되고 유일한 말씀인 성경에서만 찾을 수 있는 진리로, 바로 하나님만이 전능하시며 그분이 열방을 다스리고 우주를 통치하신다는 진리다. 모든 나라, 그리고 모든 사람은 그분의 손 안에 있으며, 그분만이 인류 역사의 방향을 이끌어 가신다. 엘리야는 자신이 선포하는 이 진리를 사람들에게 보여 주기 위해 기적을 행했다.

**종교 타협의 위험성**

엘리야의 설교는 다음 한 구절로 요약된다. "너희가 어느 때까지 둘 사이에서 머뭇머뭇 하려느냐 여호와가 만일 하나님이면 그를 따르고 바알이 만일 하나님이면 그를 따를지니라"(왕상 18:21). 이는 결정을 내리라는 촉구였다. 엘리야는 그들에게 '둘 다' 가지기란 불가능하며, '이것 아니면 저것'을 선택해야만 한다고 말했다. 백성은 그때까지 하나님과 바알을 둘 다 선택해 왔다. 그들은 여호와 하나님을 '자기 나라의 주된 신'으로 섬겼지만, 그와 동시에 가정의 다산과 축복을 주는 신으로 바알을 섬기며, 그를 위해 제단을 세우고 그 앞에 절했다. 이른바 '포괄적인' 종교를 즐긴 것이다.

초대교회 때의 많은 크리스천의 모습도 별반 다르지 않았다. 그들은 예수 그리스도를 섬기면서도 한편으로는 로마 제국의 이방 종교 의식과 풍습들을 행했다. 그리고 이스라엘 백성이나 초대교회의 크리스천들을 판단하기에 앞서 우리도 이같이 행하고 있음을 깨달아야 한다. 우리는 예수 그리스도와의 교제를 즐기면서, **동시에** 맘몬의 세상에서 오는 모든 물질적 이익도 함께 즐긴다. 우리는 계속 그리스도를 따르지만, 다른 종교들도 하나님께로 가는 또 다른 길이라고 인정하며, 이렇게 포괄적이고 관대한 자신을 자랑스럽게 여긴다.

이런 식의 종교 타협은 엘리야 시대의 유대인들에게 좋아 보였다. 그리고 오늘날에도 많은 크리스천에게 좋게 보일지 모른다. 그러나 하나님은 이를 기뻐하지 않으셨고, 엘리야도 마찬가지였다. "너희가 어느 때까지 둘 사이에서 머뭇머뭇 하려느냐?"라는 엘리야의 마지막 도전은 그 누구도 잊을 수 없을 정도로 강력했다. 엘리야는 "너희가 언제까지 영적 절름발이로 남아 있을 것이냐?"라고 묻고 있었다. 하나님을 선택하는 결정을 내리지 못하면 영혼이 절름발이가 된다. 사도 바울은 이와 비슷한 상황에 놓인 그리스도인의 믿음은 결코 '둘 다'일 수 없다고 확신했다. 우리는 언제나 선택을 해야만 한다. "내가 너희 중에서 예수 그리스도와 그가 십자가에 못 박히신 것 외에는 아무것도 알지 아니하기로 작정하였음이라" (고전 2:2). 오늘 우리가 전할 말은 예수 그리스도의 십자가뿐이다. 우리의 임무는 사람들을 십자가로 데려와, "당신이 영원한 생명을 얻으려면, 십자가에 못 박히고 다시 부활하신 예수 그리스도를 선택해야만 합니다"라고 말하는 것이다.

틀림없이 백성은 엘리야를 훌륭한 설교가라고 여기지 않았을 것이다. "백성이 말 한마디도 대답하지 아니하는지라" (왕상 18:21)는 구절을 보면 알 수 있다. 엘리야의 설교는 실패하고 말았다. 이제는 하나님이 말씀을 하시어, 엘리야의 말을 증언해 주셔야 했다. 성경의 역사 전체에 걸쳐 하나님은 이렇게 행하셨다. 히브리서의 저자는, 사람들이 하나님의 위대한 구원을 선포한 후에 "하나님도 표적들과 기사들과 여러 가지 능력과 및 자기의 뜻을 따라 성령이 나누어 주신 것으로써 그들과 함께 증언하셨느니라"(히 2:4)고 말한다. 이제 하나님이 그분의 불을 내리셔야만 했다!

### 엘리야와 거짓 선지자들

이제 무대가 준비되었다. 엘리야, 그리고 그에 대항하는 850명의 거짓 선지자가 서로 마주보고 있다. 엘리야는 도전장을 내민다. "너희는 너희 신의 이름을 부르라 나는 여호와의 이름을 부르리니 이에 불로 응답하는 신 그가 하나님이니라"(왕상 18:24).

하나님은 오늘날 예수 그리스도를 주라 시인하고 그분의 십자가와 부활을 증언하는 모든 이들에게, 하늘에서부터 이 불을 내려 주겠다고 약속하셨다. 세례 요한은 "나는 너희로 회개하게 하기 위하여 물로 세례를 베풀거니와 내 뒤에 오시는 이는…성령과 불로 너희에게 세례를 베푸실 것이요"(마

3:11)라고 말했다. 이 약속은 오순절에 성령님이 제자들에게 임하시면서 이루어졌다. 성령의 불! 반항과 주저함의 죄를 태워 버리고, 우리 마음에 하나님의 말씀을 향한 불을 지피시며, 우리가 하나님의 증인이 되도록 능력을 주시고, 따뜻한 하나님의 사랑으로 우리를 하나 되게 연합시켜, 세상이 그리스도를 믿게 하시는 성령의 불 말이다!

엘리야와 거짓 선지자들은 극명하게 대조되는 모습을 보여 준다. 바알의 선지자들은 필사적이었다. 자기들 스스로 불을 일으키려 하다 보니 억지 행동까지 보였다. 한편 변치 않는 하나님의 말씀 위에 서 있던 엘리야는 침착했고, 자신감이 있었다. 그는 자기들이 쌓아 놓은 제단 주위에서 '뛰노는' 바알 선지자들을 조롱하며, 그들의 신이 잠들었는지, 여행을 갔는지, 혹 화장실에 갔는지 모르겠다고 말했다. 하나님은 바알 선지자들이 어리석게 행하고 있었을 뿐만 아니라 하나님의 백성을 그릇된 길로 인도하고 있었기 때문에 그런 조롱을 허락하셨다.

엘리야는 이스라엘의 열두 지파를 구원하신 하나님의 행사를 기억하며, 돌 열두 개로 제단을 쌓았다. 그다음에 번제물 위에 물을 붓되, 이를 세 번 반복했다. 그러고 나서 하나님께 기도했다. 엘리야의 기도는 간단하고도 강력했다. 그는 하나님이 지나간 역사의 주인이자 지금 이 시간의 주인이심을 알려 달라고 기도했다. 그는 자신이 하나님께 보냄 받은, 그리고 하나님의 말씀으로 사는 하나님의 종임을 사람들 앞에 증거해 달라고 구했다. 그다음으로, 하나님이 불을 보내셔서 모든 백성이 여호와 하나님만이 참된 신이심을 알게 해 달라고 기도했다.

### 하나님의 불과 하나님의 비

"이에 여호와의 불이 내려서 번제물과 나무와 돌과 흙을 태우고"(왕상 18:38). 그 불은 하나님의 백성에게 생명을 가져왔다. 백성은 얼굴을 땅에 대고 엎드려 "여호와 그는 하나님이시로다 여호와 그는 하나님이시로다"(왕상 18:39)라고 외쳤다. 그 불은 하나님의 백성에게는 생명을 가져왔지만, 하나님의 대적에게는 죽음을 가져왔다.

우리에게는 우리의 마음을 소생시키고, 하나님을 향한 열정을 회복시키며, 부르심에 충성할 수 있게 능력을 주시는 성령의 불이 필요하다. 마가복음은 우리의 부르심을 상기시켜 준다. 예수님이 우리를 부르신 이유는 자기와 함께 있게 하시고, 보내어 전도하게 하시며, 귀신을 내쫓는 권능을 가지게 하도록(막 3:13-15) 하기 위함이다. 영적 전쟁은 그 본질상 우리의 부르심에 내재하는 것이다. 하나님의 불은 언제 오는가? 우리가 신뢰함으로 모든 것을 하나님께 맡기고, 단지 구하기만 하면 하나님의 성령을 주시리라는 것을 온전한 믿음으로 믿을 때다. 그러면 하나님의 불은 하나님의 교회에 다시 한 번 내릴 것이다.

또한 비도 내리기 시작했다. 사람들은 자신들의 영혼을 회복시키기 위해 하나님의 불이 필요했지만, 곡식을 다시 얻고 땅을 소생시키기 위해서도 비가 필요했다. 비는 불과 함께 온다! 우리에게는 성령으로 세례를 받음으로써 하나님의 초자연적 권능을 우리의 삶 속에 받아들이는 엄청난 경험이 필요하다. 하지만 하나님 안에 거함으로써 지속적으로 오는, 날마다의 축복 또한 필요하다. 이것이 하나님의 비다.

요엘 선지자는 비와 불이 함께 온다는 사실을 우리에게 말해 준다(욜 2:21-29). 하나님은 우리가 더는 욕을 당하지 않도록 변호하고자 이른 비를 주시며, 우리가 풍성히 열매를 맺도록 늦은 비를 내려 주신다. 하나님의 비는 "메뚜기가 먹은 햇수대로", 곧 우리의 "잃어버린 햇수"대로 우리에게 갚아 주시는 것이다. 하나님의 비는 우리의 수치를 거두어 가신다. 하나님의 불은 우리가 성령님의 능력을 체험하여, 세상을 향한 그분의 효과적인 증인이 되게 하신다.

### 기도하며 지켜보기

행동으로 옮기는 것과 역동적인 경험만을 추구하는 열성적인 사람들이 영적 전쟁에서 종종 간과하는 측면이 하나 있다. 그것은 엘리야가 '기도하며 지켜보는' 시간을 가졌다는 사실이다. 엘리야는 이세벨의 악한 세력들과 싸우기 전에 기도하며 지켜보았고, 하나님이 약속하신 비를 달라고 계속 구할 때도 기도하며 지켜보았다. 엘리야는 어떻게 기도해야 하는지를 배웠다. 그래서 하나님은 그를 사용하셨다(약 5:17-18). 그리고 오늘날 모든 크리스천도 그렇게 기도할 수 있다.

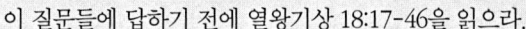

**더 깊은 생각과
토의를 위한 질문**

이 질문들에 답하기 전에 열왕기상 18:17-46을 읽으라.

1. 아합 왕은 엘리야를 "이스라엘을 괴롭게 하는 자"로 보았다. 이에 대해 엘리야는 아합이 하나님의 길을 버리고 우상 바알을 따랐기 때문에 아합이야말로 이스라엘을 괴롭게 하는 자라고 대답했다. 그렇지만 바울과 실라가 데살로니가에서 그랬던 것처럼, 사실 엘리야 역시 "천하를 어지럽게"(행 17:6) 함으로써 이스라엘을 괴롭히고 있었다. 엘리야와 바울과 실라는 어떤 긍정적인 방법으로 세상을 어지럽게 했는가? 오늘날의 크리스천들은 과연 믿지 않는 세상을 어지럽히고 있는가? 만약, 그렇다면 어떻게 그렇게 하고 있는가? 당신은 자신이 세상을 그렇게 변화시키는 사람이라고 생각하는가?

2. 엘리야 시대의 유대인들은 어떤 식으로 다른 종교들을 '포함'함으로써 믿음을 타협했는가? 우리 크리스천들은 믿음에 있어 포괄적이도록 부르심을 받는가? 만일 그렇다면 어떤 식으로인가? 그렇지 않다면 왜 그렇지 않은가? 오늘날의 기독교에서 상대주의가 갖고 있는 위험은 무엇인가?

3. 우리는 크리스천들로서 '거룩한 불의 공동체'의 일원이 되라는 부르심을 받았다. 하나님의 불은 하나님의 사랑의 불이다. 하나님은 자신의 백성에게 사랑을 나타내기 위해 이 불을 어떻게 사용하시는가? 당신은 순전케 하시는 하나님의 불을 체험해 보았는가? 하나님은 우리가 자라게끔 하기 위해 어떻게 불을 사용하시는가? 당신의 삶 가운데 '하나님의 불'과 '하나님의 비'는 어떻게 작용하고 있는가?

더 알아보기

# 우리의 전쟁

주님 안에서 걷는다면, 우리가 영적 전쟁에 관여하고 있음을 곧 발견하게 될 것이다. 우리가 사탄에게 공격을 받고 있음은 확실한 사실이며(벧전 5:8-10), 우리가 고난을 당하리라는 점 또한 분명하다. 그러나 반면에 우리가 참여하는 전쟁의 보상이 크리라는 약속 또한 받았다.

우리는 전쟁 중에 방어적인 태도도 취해야 하지만 공격적인 태도도 취해야 한다(엡 6:10-20 참고). 이는 모든 일을 행한 후에 서 있기 위함이다. 많은 사람이 넘어지지만, 크리스천들은 넘어져 있지만은 않는다. 우리는 다시 일어나, 계속하여 적들과 싸운다. 우리의 목표는 육적으로 살아남는 것이 아니라 영적으로 살아남는 것이다. 설사 몸이 죽더라도 영적으로는 살아남을 수 있다. 우리는 믿음을 잃지 않음으로써 전쟁에서 이기게 된다.

그래서 우리는 '하나님의 전신갑주'를 입는다. 비록 상징적으로 신체에 전신갑주를 입는 동작을 일일이 하는 사람들도 있지만, 일부러 매일 옷을 입듯이 전신갑주를 챙겨 입을 필요는 없다. 왜냐하면 우리는 매일 아침, 잠에서 깰 때 이미 전신갑주를 입고 있기 때문이다. 우리의 전신갑주는 우리가 이미 그리스도 안에서 가지고 있는 것들이기 때문이다. 그저 우리는 우리의 전신갑주가 어떤 것인지 방어적인 것들과 공격적인 것들 둘 다를 포함해 잘 알고 있어야 한다.

**진리의 허리띠** 이는 하나님의 말씀 전체, 곧 우리 자신의 진리가 아닌 하나님의 진리다. 우리는 하나님의 말씀 안에 거함으로써 사탄을 이긴다. 그러기 위해 우리는 하나님의 말씀을 알고, **신뢰**하고, **사용**해야 한다. 사탄과 그의 군대는 하나님의 말씀 안에 드러난 진리에 대항하여 서지 못한다.

**의의 호심경(흉배)** 우리는 예수 그리스도의 희생을 통해, 믿음으로 하나님 앞에 의롭게 서게 되었다. 이 의는 결코 우리 안에 있는 것에서 나온 것이 아니다. 바로 그리스도가 우리의 의로움이 되신다(롬 5:1).

**발에 신을 신** 이 신은 평안의 복음을 전하기 위함이다. 우리가 기독교 사역을 하고 있다면, 가장 먼저 할 일은 좋은 신발 한 켤레를 사는 일이다. 로마서 10장 13-15절은 구원을 전하는 자들의 발의 아름다움을 가장 잘 설명하는 구절이다.

**믿음의 방패** 로마 군인들은 작은 방패도 가지고 다녔지만, 불붙은 화살을 막을 수 있는 문 크기만 한 커다란 방패도 가지고 다녔다. 우리는 믿음으로, 즉 하나님을 향한 온전한 순종과 그분이 우리를 돌보실 것을 신뢰하는 믿음으로 적의 공격을 막을 수 있다. 우리에

## 더 알아보기

게는 믿음이 더 필요한 것이 아니다. 단지 우리 구원의 반석이신 그리스도 안에 우리의 믿음을 두면 된다.

**구원의 투구** 여기서 바울은 하나님의 구원에 관해 말하고 있으며, 그 구원은 우리의 생각과 몸과 영을 덮고 사탄의 공격에서 우리를 보호해 준다.

**성령의 검** 이는 우리 전쟁의 공격적인 무기로, 곧 하나님의 말씀이다. 하나님의 전신갑주가 하나님의 말씀으로 시작하여 다시 말씀으로 끝난다는 점에 유의하라. 진리의 허리띠는 우리가 그 안에 거하는 하나님의 말씀이다. 성령의 검은 성령이 특정 상황에 우리에게 지시해 주시는 레마의 말씀이다. 우리는 적의 영토로 들어가, 성령의 검인 하나님의 말씀을 선포한다. 오직 성령님만이 하나님의 말씀을 효과적으로 만드실 수 있다. 적에게서 영토를 빼앗는 주된 방법은, 적의 영토에서 성령의 능력으로 복음을 선포하는 것이다.

**성령 안에서 항상 기도하기** 사람들이 보통 빠뜨리는 전신갑주 중 하나가 바로 기도다. 기도는 무기다. 하나님의 말씀이 성령의 검이라면, 기도는 성령의 **핵미사일**이다. 검은 짧은 거리에서 효과적이지만, 미사일은 세계 반대편까지 날아간다. 여기서 우리는 기도의 힘에 관해 이야기하는 것이 아니라, 기도를 듣고 응답하시는 **하나님의 힘**에 대해 이야기하는 것이다.

사탄 및 그의 병력에 대항한 전쟁에서 승리하려면, 우리 삶에서 하나님의 말씀을 연마해야 한다. 이를 위한 몇 가지 방법을 소개한다.

- 성령님이 우리 안에 심어 주시는 말씀, 특히 성경말씀을 묵상할 때 마음에 주시는 말씀을 받으라(약 1:21).
- 하나님의 말씀을 기뻐하고, 말씀을 읽고 공부하고 묵상하는 것을 즐기라(시 1:2, 19:10).
- 하나님의 말씀을 믿고, 모든 일에 있어 말씀을 기준으로 삼아 말씀으로 살라.
- 하나님의 말씀에 순종함으로써 행하는 모든 일에 복을 받으라(약 1:22-25).
- 하나님의 말씀을 다른 사람들과 나누고, 하나님의 진리로 다른 사람들을 축복하라(스 7:10; 히 5:12).

제 6 장

# 승리 한가운데에서의 패배

*Defeat in the Midst of Victory*

✝

열왕기상 19:1-4

엘리야는 갈멜 산에서 큰 승리를 즐겼다. 날이 저물 무렵 아합 왕은 두려워 떨었고, 백성은 여호와께로 마음을 돌이켰으며, 바알 제사장들과 선지자들은 제거된 상태였다. 이 승리는 이스라엘에 단순한 부흥뿐 아니라, 개혁의 시작을 가져왔다.

**이세벨이 엘리야를 죽이겠다고 협박하다**

그런데 엘리야에게는 문제가 하나 있었다. 그것은 아합 왕도 아니고 바알의 선지자들도 아니었다. 문제는 아합 왕 배후의 더 강력한 세력, 이세벨이었다. 엘리야는 아합에게 마차를 준비하여 이스르엘로 내려가라고 말한 후에, 허리를 동이고 이스르엘까지 약 27km를 달려 아합보다 먼저 그곳에 도착했다. 어쩌면 엘리야는 최초로 마라톤을 했던 사람인지도 모른다. 그런데 엘리야가 왜 그렇게 서둘러 이세벨이 살던 이스르엘에 아합보다 먼저 도착하려 했는지가 의문이다. 이는 성경에서 해답이 없는 질문 중 하나로 남아 있을지도 모르겠다.

이 승리 직후에 이세벨은 엘리야에게 죽이겠다는 협박을 전했다. 엘리야 때문에 이세벨은 자신의 종교적, 도덕적 영향력을 잃었고, 나중에는 세력을 완전히 잃게 될 것이었다. 이 책의 뒷부분에 가면, 더 많은 사람이 관여하여 이스라엘에 완전한 정화와 개혁이 일어나는 것을 보게 될 것이다. 그렇지만 이때 이세벨의 결심이 매우 확고했고, 그래서 엘리야를 죽이겠다는 협박을 전달할 수 있었다. 두려웠던 엘리야는 목숨을 부지하려고 도망했다(왕상 19:1-3). 믿음의 가장 큰 적은 의심이 아니라 바로 두려움이다. 의심은 우리를 혼란스럽게 하고 우리의 효율성을 약화시키지만, 두려움은 우리가 뒤로 물러가 멸망에 빠지게까지 한다. 믿음만이 우리가 항상 앞으로 갈 수 있게 해주며, 결코 뒤로 물러가거나 그 자리에 머물지 않고, 그리스도 예수 안에서 하나님이 위에서 부르신 부름의 상을 향하여 달려갈 수 있게 해준다(히 10:39; 빌 3:14).

우리는 엘리야의 실패를 통해 소중한 교훈을 배울 수 있다. 월리스 박사는 엘리야에 관해 강의하면서, "위대한 승리인 것 같은 상황 한가운데서 굴욕스런 패배를 당한 경험을 하지 않고는, 그 누구도 하나님의 전쟁에서 싸울 수 없다"[6]는 교훈을 배울 수 있다고 말씀하셨다. 우리는 승리를 즐긴 후 곧바로 편히 쉴 수 없다. 적은 매우 빨리 회복하기 때문이다. 접근하기 어려운 나라에서 일하는 어떤 선교사는 종종 큰 승리 후에 크게 넘어지는 일이 일어나기 때문에 "우리는 결코 '영적 휴가'를 가져서는 안 된다"고 말했다.

**엘리야의 두려움의 원인**

엘리야는 가장 큰 능력을 보이던 때 무너졌다. 그의 실패의 뒤에는 무엇이 있었는가? 그의 두려움의 원인은 무엇이었는가? 궁극적으로, 크리스천의 모든 실패와 두려움의 배후에는 사탄이 있다. 사탄은 우리 영혼의 적이다. 비록 십자가에서 패배를 당하여 권세가 꺾였지만, 사탄에게는 아직도 하나님의 백성을 핍박할 힘이 있다. 사탄은 이제 자기의 때가 얼마 남지 않았음을 알고, 계속해서 이 땅에 큰 분노를 퍼뜨린다(계 12:7-12). 엘리야는 큰 영적 전쟁 가운데 있었다. 하지만 이번에는 자기 나라가 아니라 바로 자기 자신을 위한 싸움이었다. 그러면 그는 누구를 상대하여 싸우고 있었는가? 이세벨도 아니고, 혈과 육도 아닌, 바로 사탄과의 싸움이었다. 영적 전쟁의 목표는 에베소서 6장 13절에 잘 설명되어 있다. "그러므로 하나님의 전신갑주를 취하라 이는 악한 날에 너희가 능히 대적하고 모든 일을 행한 후에 서기 위함이라."

우리는 도주한 엘리야의 모습에서 그의 두려움을 엿볼 수 있다. 그는 이스라엘의 남쪽 끝 브엘세바로 갔지만, 거기서도 불안해했다. 그래서 그는 광야로 하룻길쯤 더 들어가 로뎀 나무 아래에 앉아 기도했다. 그는 "나는 내 조상들보다 낫지 못하니이다"(왕상 19:4)라고 기도했다. 그는 아브라함을 생각했고, 그다음에는 모세를 생각했다. 큰 계시로 하나님의 법을 받은 모세가 금송아지를 발견하고서는 너무 화가 난 나머지, 계명이 적힌 두 돌판을 부숴 버렸던 것을 기억했다. 모세는 그 후에도 또 화가 나서, 하나님이 명하신 대로 반석에게 명령하는 대신 지팡이로 반석을 침으로써 물이 나오게 했다. 모세는 크게 실패하고 말았으며, 하나님은 그에게 화가 나셨다. 또 엘리야는 어떻게 다윗이 기적적으로 하나님께 선택받아 수많은 전쟁에서 승리했는지, 그런데 그럼에도 사울 왕을 너무 두려워하여 "두려움과 떨림이 내게 이르고 공포가 나를 덮었도다 나는 말하기를 만일 내게 비둘기같이 날개가 있다면 날아가서 편히 쉬리로다"(시 55:5-6)라고 말했는지 곰곰이 생각했다.

하나님께 크게 쓰임 받고 나서도 그러한 감정들을 겪어 보지 않은 하나님의 사람들이 있을까? 엘리야는 모세와 다윗에 대해, 그리고 그들의 실수와 죄에 대해서도 모두 알고 있었다. 엘리야는 원칙은 잘 알고 있었다. **그러나 그런 일이 자신에게도 일어나리라고는 결코 생각하지 못했다.** 이는 자신이 크리스천 사역이나 선교의 '새 시대'를 세상에 도래시키고 있다고 생각하는 오늘의 젊은 지도자들이 잘 새겨야 할 좋은 조언이다. 우리는 과거를 통해 배워야 한다. 유대인 철학자이자 신학자인 마틴 부버(Martin Buber)는 이렇게 말했다. "세상 역사는 성공을 찬양하지만, 성경은 실패자들을 칭찬한다. 성경은 세상적인 성공의 본질적 가치를 전혀 알지 못한다. 그와 반대로, 성경은 성공적인 행위를 알릴 때는 언제나, 그 성공에 포함된 실패를 최대한 상세하게 보여 준다."[7]

## 가장 큰 죄

교만은 모든 죄 중에 가장 크다. 그리고 **영적 교만**보다 더 큰 교만은 없다. 우리는 조상의 실수를 통해 얻은 교훈으로 이제는 우리가 더 잘하리라 생각할지 모른다. 그리고 성경이나 역사 속 인물 중 그 누구보다 우리가 훨씬 더 온전해지고 인격이 균형 잡혔다고 생각할지 모른다. 그러나 사실상 우리는 모두 하나님의 은혜로 계속 치유되고 있는, 깨어지고 아픈 사람들일 뿐이다. 헨리 나우웬(Henri Nouwen)은 우리가 모두 '상처 입은 치유자'라고 말함으로써 이를 잘 요약했다.

**십자가의 교훈**

엘리야는 오만과 교만, 자기 의, 그리고 판단하는 마음에서 해방되어야 했다. 갈멜 산에서 위대한 싸움을 하던 중에는 이러한 죄들을 인식하지 못했을지 모르지만, 이제 하나님은 엘리야에게 십자가의 교훈을 가르칠 준비를 하고 계셨다. 이제 엘리야는 예수님의 제자들을 이해하고 그들과 자신을 동일시할 수 있을 것이었다. 예수님의 제자들도 온전한 사람들이 아니었다. 그들은 의사이신 하나님이 필요한 병자들이었다. 마지막 만찬에서, 그들 중에 배반자가 있다고 예수님이 말씀하셨을 때 제자들은 모두 놀랐다. 제자들 각자 자신 안에서 무언가 약한 것, 심지어 자기의 주인을 배반할 정도로 약한 무언가를 발견했기 때문이다. 요한 세바스찬 바흐는 제자들의 이런 두려움을 포착하여, 제자들이 각각 "주여, 나는 아니지요?"라고 외치는 마태 수난곡의 합창을 작곡했다. 우리 또한 오늘도 다시 묻는다. "주여, 나는 아니지요?"

예수님은 사탄과의 싸움에서 어떻게 이기셨는가? 그분은 사탄을 쉽게 말살시켜 버리실 수 있었지만, 그렇게 하지 않으셨다. 바울은 우리에게 "그리스도께서 약하심으로 십자가에 못 박히셨으나 하나님의 능력으로 살아계시니 우리도 그 안에서 약하나 너희에게 대하여 하나님의 능력으로 그와 함께 살리라"(고후 13:4)고 말했다. 예수님은 엘리야가 싸웠던 싸움과 동일한 싸움을 계속하고 계셨다. 이것이 바로 예수님이 **승리 속에서도** 수치를 기꺼이 당하셨던 이유다. 예수님은 사탄을 완전히 패배시키셨다. 하지만 그것은 갈보리 십자가 위에서 자신의 목숨을 희생하심을 통해서였다.

전쟁은 계속된다. 오늘도 우리는 싸워야 한다. 승리자이신 예수님에게서 눈을 떼면, 넘어질 수밖에 없다. 예수님의 명령을 따라 물 위를 걷던 베드로가 그분에게서 눈을 떼는 순간 물에 빠졌던 것과 마찬가지로. 그러나 당신의 수고가 결코 헛되지 않음을 기억하라. 심지어 굴욕 속에서도, 하나님께는 실패란 전혀 없다. 그러므로 우리는 복음을 위해 고난을 당할 때 놀라서는 안 된다. 하나님이 원하시는 것은 우리의 능력이 아니라 우리의 약함이라는 점 또한 기억하라. 그분의 능력은 우리의 약한 데서 온전해진다(고후 12:9-10).

우리는 단지 한 가지 큰 소원, 다른 모든 소원보다 더 큰 소원만 가지면 된다. 사도 바울의 소원은 "그리스도와 그 부활의 권능과 그 고난에 참여함을 알고자 하여 그의 죽으심을 본받"(빌 3:10)는 것이었다. 하나님은 우리가 그분을 알 수 있다고 약속하심으로써 우리의 소원에 응답하신다. "또 아는 것은 하나님의 아들이 이르러 우리에게 지각을 주사 우리로 참된 자를 알게 하신 것과 또한 우리가 참된 자 곧 그의 아들 예수 그리스도 안에 있는 것이니"(요일 5:20). 그분을 알면 알수록, 우리는 단지 쉽게 깨어지는 질그릇에 불과하다는 사실을 더욱 깨닫는다. 그러나 우리의 깨어짐은 하나님의 선물이다. 이를 통해 세상은 우리 안에 있는 보물인 그리스도를 보게 된다. 사람들은 "심히 큰 능력은 하나님께 있고 우리에게 있지 아니함을"(고후 4:7) 보게 된다. 우리의 깨어짐으로 인한 열매는, 하나님 나라를 온 세상에 확장시키는 데 우리가 더 효과적으로 사용되리라는 사실뿐만이 아니다. 하나님은 우리의 깨어짐을 통해 우리를 치유하고 온전케 하실 것이며, 결국 우리가 "티나 주름 잡힌 것이나 이런 것들이 없이 거룩하고 흠이 없게"(엡 5:27) 되어 그분 앞에 서게 하실 것이다.

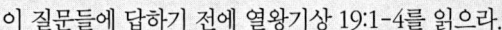

**더 깊은 생각과
토의를 위한 질문**

이 질문들에 답하기 전에 열왕기상 19:1-4를 읽으라.

1. 당신은 왜 엘리야가 이세벨이 살던 도시로 급히 내려갔다고 생각하는가? 이세벨에 대한 그의 큰 두려움의 원인은 무엇이었을까? 엘리야의 두려움은 실제 현실에 기초하고 있었는가? 당신은 당신의 삶이나 사역에서 그러한 두려움을 경험해 본 적이 있는가?

2. 당신은 "위대한 승리인 것 같은 상황 한가운데서 굴욕스런 패배를 당한 경험을 하지 않고는, 그 누구도 하나님의 전쟁에서 싸울 수 없다"라는 윌리스 박사의 말에 동의하는가? 당신의 삶에서도 그러했는가? 그렇다면 당신은 그 경험을 통해 무엇을 배웠는가?

3. 예수님이 "약하심으로"(고후 13:4) 십자가에 못 박히셨다는 말은 당신에게 어떤 뜻으로 다가오는가? 하나님은 왜 우리의 강함보다 우리의 약함을 원하시는가? 당신의 삶에서, 하나님이 당신의 깨어짐을 사용해 복음을 더 전파하신 사례가 있는가?

더 알아보기

# 사역에서의 능력

기독교 사역은 성령의 능력으로 섬기는 것이다. 누가복음 6장 19절은 예수님이 능력으로 사역하셨다고 기록한다. "온 무리가 예수를 만지려고 힘쓰니 이는 능력이 예수께로부터 나와서 모든 사람을 낫게 함이러라." 예수님의 능력은 아버지의 임재 안에 거함을 통해 나왔다. 즉, 아버지와 누리는 친밀함에서 나왔다. 예수님의 가장 큰 기쁨은 아버지와의 교제였으며, 예수님은 종종 무리에게 사역하신 후 그들에게서 멀리 떨어져 아버지와 단둘이 시간을 보내러 가셨다. 그분은 자주 밤을 지새워 기도하셨다. 이는 예수님뿐만 아니라, 모든 크리스천의 능력의 유일한 원천이다.

그런데도 바울은 예수님이 "약하심으로 십자가에 못 박히셨"(고후 13:4)다고 한다. 예수님은 사탄과 원수들을 짓밟을 능력이 많으셨지만, 자신을 지키는 데 그 능력을 사용하지 않으셨다. 그 대신 자기 자신을 아버지의 뜻에 완전히 복종시키셨다. 아버지의 뜻은 인류의 죄를 위한 속죄양으로서 예수님이 자신의 목숨을 버리는 것이었다. 그분은 하나님과 동등됨을 취할 것으로 여기지 아니하시고, 오히려 자기를 비워 종의 형체를 취하셨다(빌 2:6-7).

이번 장에서 우리가 살펴본 성경 본문에서, 하나님은 엘리야가 고통을 겪고 두려워하며 자신감을 잃도록 허락하고 계시다. 이는 엘리야로 하여금 자신의 사역을 특징짓는 놀랄 만한 능력이, 자기 자신에게서가 아니라 하나님에게서 나온 것임을 깨닫게 하려 하심이다. 나중에 사도 바울도 "이는 내가 약한 그때에 강함이라"(고후 12:10)고 고백하여 하나님께 영광을 돌렸다.

제 7 장

# 패배 한가운데에서의 승리

*Victory in the Midst of Defeat*

✝

열왕기상 19:5-18

사람의 실패 한가운데서도, 하나님은 여전히 승리의 하나님이시다. 엘리야가 실패함으로써 일은 좌절된 것 같아 보였다. 엘리야는 외로웠고, 죽고 싶을 지경까지 우울함에 사로잡혔다. 하지만 하나님은 여전히 모든 것을 다스리고 계셨다. 오늘도 그렇게 하시는 것처럼, 하나님은 엘리야의 시대에도 그분의 목적을 계속 수행하고 계셨다. 하나님의 위대한 목적은, 하나님이 거하실 수 있는 백성을 창조하는 것이다.

해가 가고 또 감에 따라 하나님은
그분의 목적을 이루어 가신다

하나님은 그분의 목적을 이루어 가시며
완성될 시간은 가까워 온다
점점 더 다가온다
분명히 도래할 그 시간은
물이 바다 덮음 같이
온 땅이 하나님의 영광으로 가득 찰 그 시간은

아서 C. 에인거(Arthur C. Ainger) 작사<br>
마틴 F. 쇼(Martin F. Shaw) 작곡

### 진정한 승리와 진정한 성공

하나님은 패배 한가운데서 엘리야를 치유하셨다. 즉, 하나님은 그를 진정한 성공으로 인도하고 계셨다. 그렇다면 성경적으로 진정한 성공이란 무엇인가? 형통하고 잘 된다는 성경적 개념은 어떤 것인가? 시편 1편은 하나님의 말씀을 묵상하는 자는 그가 하는 모든 일에서 형통하리라는 사실을 가르쳐 준다. 그러나 시편 기자가 말하는 형통은 병들지 않고 장수하는 인생이나 문제가 없는 재정적 사치의 인생을 약속하는 것이 아니다. 성경은 이와는 반대로, 우리가 고난을 받음으로써 복을 누릴 것이라고 약속한다. "그리스도를 위하여 너희에게 은혜를 주신 것은 다만 그를 믿을 뿐 아니라 또한 그를 위하여 고난도 받게 하려 하심이라"(빌 1:29).

성공의 여부는 우리의 삶에서 하나님의 뜻이 형통하는 정도를 기준으로 측정해야 한다. 예수 그리스도는 고난당하는 종이셨지만, 진정 성공한 사람이었다. 이사야 선지자는 예수님에 대해 "그의 손으로 여호와께서 기뻐하시는 뜻을 성취하리로다"(사 53:10)고 말했다. 이것이 성공의 진정한 성경적 정의다. 하나님의 뜻은 엘리야가 갈멜 산에서 거짓 선지자들을 패배시켰을 때 엘리야의 손을 통해 성취되었다. 하나님의 뜻이 형통했다. 그래서 비록 엘리야가 쓰러졌고 포기할 찰나까지 이르렀지만, 그도 형통했고 성공했다. 이제 하나님이 엘리야를 회복시킬 준비가 되셨으며, 엘리야는 자신의 큰 실패 가운데서도 하나님의 뜻이 성취되고 계속 성취되리라는 사실을 보게 될 것이었다.

### 엘리야의 사역을 향한 하나님의 계획

엘리야를 죽이겠다는 이세벨의 위협은 엘리야가 쓰러지게 된 요인이었다. 이제 이세벨은 다시 안전하다고 느꼈지만, 여전히 분노하고 있었다. 사탄의 딸로서 이세벨은 엘리야를 죽이겠다는 단호한 결심을 했다. 그러나 하나님은 생명과 사역의 온전함으로 엘리야를 회복시키기로 결심하셨다.

엘리야가 위기에 처한 이때에, 하나님은 나중에 예수님이 시몬 베드로에게 하셨던 말씀과 동일한 말씀을 엘리야에게 하셨는지도 모른다. "시몬아, 시몬아, 보라 사탄이 너희를 밀 까부르듯 하려고 요구하였으나 그러나 내가 너를 위하여 네 믿음이 떨어지지 않기를 기도하였노니 너는 돌이킨 후에 네 형제를 굳게 하라"(눅 22:31-32). 사탄은 엘리야를 죽이려고 계획했다. 그러나 예수님은 기도하셨다. 그리고 하나님은 예수님이 시몬 베드로를 회복시키신 것처럼 엘리야를 회복시켜 주셨다.

그러나 회복되기 전의 베드로와 엘리야의 모습은 정반대였다. 베드로는 지나치게 자신감이 넘쳤으며(눅 22:33), 엘리야는 너무 의기소침해 있었다. 히브리서 저자는 하나님이 훈계하실 때 응당 보여야 할 반응을 이렇게 묘사한다. "내 아들아 주의 징계하심을 경히 여기지 말며 그에게 꾸지람을 받을 때에 낙심하지 말라 주께서 그 사랑하시는 자를 징계하시고 그가 받아들이시는 아들마다 채찍질하심이라…오직 하나님은 우리의 유익을 위하여 그의 거룩하심에 참여하게 하시느니라"(히 12:4-10).

하나님은 엘리야를 죽이겠다는 이세벨의 위협을 사용하셨다. 엘리야가 죽도록 허락하는 대신, 엘리야를 치유하는 도구로 그 위협을 사용하신 것이다. 그리고 그로써 다음 단계의 사역을 위해 엘리야를 준비시키셨다. 엘리야는 하나님의 약속을 잊었지만 하나님은 잊지 않으셨다. "너를 치려고 제조된 모든 연장이 쓸모가 없을 것이라"(사 54:17). 사탄은 하나님의 백성을 파멸시키기 위해 때로는 직접적으로 일하기도 하고, 때로는 믿지 않는 자들을 통해 협박이나 저주 등 여러 종류의 무기를 제조하기도 한다. 그러나 하나님은 그분의 백성을 파괴하려고 고안된 적의 계획을 무산시키신다. 요셉은 하나님이 형들의 악한 계획을 선으로 바꾸셨음을 알았기에, 자기를 배신하고 노예로 팔아 버린 형들을 용서할 수 있었다. 유태인 학자인 에버렛 폭스(Everett Fox)는 그가 번역한 《모세오경》에서 "당신들은 나를 해하려고 계획하였으나, 하나님은 바로 오늘 이같이 행하시기 위해, 곧 많은 백성을 살리기 위해 당신들의 계획 위에 선을 위한 계획을 덮어씌우셨습니다!"(창 50:20)라고 써 놓았다. 하나님은 사람들의 계획보다 한 차원 높은 곳에 **그분의** 계획을 놓으심으로써 적의 계획을 파하신다. 하나님은 사탄의 **저주**와 **공격** 위에 그분의 **복**을 덮어씌우신다. 우리는 오늘도 여전히, 믿지 않는 자들이 내린 저주 아래 있는 사람들, 죽음을 비롯한 적의 공격으로 협박받는 사람들을 위해, 자신감 있고 담대하게 중보할 수 있다. 하나님은 그분을 사랑하고 그분의 목적대로 부르심을 입은 자들을 위해 모든 것을 합력하여 선을 이루시는 분이다(롬 8:28). 그런 하나님은 약하고 상처받기 쉬운 자신의 백성에게 수많은 방법으로 복 주실 것이다.

엘리야의 외로움과 우울함의 원인은 바로 자기 연민과 자기 의였다. 교만했던 그는 자기 연민에 빠져 버렸고, 자신이 없어서는 안 되는 존재이며 능력의 출처라 믿게 되었다. 자기 의는 사실 '단단하게 굳어진 자기 연민'이다. "내가 만군의 하나님 여호와께 열심이 유별하오니…오직 나만 남았거늘"(왕상 19:10).

하나님은 엘리야를 회복시키실 때 아주 단호하면서도 아주 친절히 대하셨다. 하나님은 굉장한 인내를 가지고 그를 부드럽게 다루셨다. 우리는 하나님에게서 어떤 판단이나 정죄의 기색도 찾아볼 수 없다. 오히려 엘리야 위에 쏟아 부어지는 큰 사랑을 본다. 하나님은 엘리야가 그 자신과 자기 백성에게 무슨 일이 일어났는지를 분명히 이해할 수 있도록, 엘리야의 생각과 영을 모두 회복시키기 시작하셨다. 하나님은 엘리야가 하나님의 치유의 능력을 다시 접하도록 그를 부드럽게 인도하여, 아직도 엘리야 안에서 성령의 위대한 능력이 일하고 계심을 보도록 하셨다. 하나님은 아직 엘리야와 일을 끝내지 않으셨다!

### 회복의 7단계 방법

소진되어 버린 엘리야를 위한 하나님의 치료법을 살펴보자. 하나님은 그분의 종을 위해 회복의 7단계라는 방법을 사용하셨다.

**1단계** 하나님은 먼저 엘리야를 재우셨다(왕상 19:5). "너희가 일찍이 일어나고 늦게 누우며 수고의 떡을 먹음이 헛되도다 그러므로 여호와께서 그의 사랑하시는 자에게는 잠을 주시는도다"(시 127:2). 때로 잠은 도피가 될 수 있다. 그래서 우리는 그 위험성을 의식하고 있어야 한다. 그렇지만 잠이 가져다주는 이익은 그 손해보다 훨씬 더 많다. 잠은 육체의 치유와 감정의 치유 둘 다를 위해 꼭 필요하다. 엘리야가 자고 있는 동안 하나님은 그를 완전히 붙들고 계셨으며, 그의 영을 직접 돌보실 수 있었다.

**2단계** 하나님은 천사를 통해 엘리야를 보살피셨다(왕상 19:5-8). "모든 천사들은 섬기는 영으로서 구원받을 상속자들을 위하여 섬기라고 보내심이 아니냐"(히 1:14). 엘리야는 천사의 손길을 느껴, 잠에서 깨어났다. 천사는 엘리야에게 음식을 먹이고 물을 주어 마시게 했다. 여기서 예수님이 부활하신 후 갈릴리 해변에서 제자들에게 나타나신 장면을 연상해 봐도 좋다. 예수님은 아버지의 천사들이 수 세기 전에 엘리야를 보살폈던 것과 아주 유사한 방법으로 제자들을 돌보셨다. 예수님은 낙심하고 좌절한 제자들을 위해 아침을 준비하며 그들에게 자신의 사랑을 보여 주셨다. 음식을 먹은 엘리야는 또다시 잠들었다. 천사는 엘리야를 두 번째로 깨워, 기적의 음식을 그에게 먹였다. 어쩌면 이것이 최초의 건강식품이었는지도 모른다. 이 음식은 엘리야가 사십 주 사십 야를 갈 수 있게 해줄 음식이었다. 우리는 우리가 주님을 섬길 때, 또 지치고 낙심될 때, 천사들이 우리를 보살펴 줄 것을 기대해야 한다. 그리고 이 땅에서 살아가는 동안 언젠가 천사들을 **만나게 되리라 기대해도** 좋다. 하나님의 치료법 중 첫 번째와 두 번째 단계는, 그저 엘리야의 육체적 필요를 충족시켜 주는 것이었다.

**3단계** 하나님은 엘리야를 호렙 산까지 가는 긴 여행길에

오르게 하셨다(왕상 19:8). 이는 거의 석 달이 걸리는 길이었다. 하나님은 의도적으로, 엘리야가 강도 높은 일과 바쁜 생활에서 시간을 떼어 내도록 만들고 계셨던 것이다. 이 기간에 엘리야는 자기 나라의 정치, 종교적 문제들에서 멀어져 있었고, 자기의 '선교 사역'에서도 떨어져 있었다.

엘리야는 하나님이 자기를 호렙산으로 보내시는 이유가 바로 모세가 거기서 부르심을 받았기 때문이었음을 알았다. 하나님이 자신의 백성을 애굽에서 이끌어 내어 광야를 지나가게 인도하실 때의 기적적인 방법들을 보기 위해, 엘리야는 역사를 거슬러가고 있었다. 성경에서 보통 산들은 하나님이 계시를 주시는 장소이며, 오늘날에도 순례자들이 하나님께 가까이 다가가는 장소다. 하나님은 엘리야를 동굴로 데려가셨다. 어쩌면 그 동굴은 하나님이 모세를 바위틈에 숨기시고 자신의 영광을 보여 주신 동굴이었을지도 모른다.

엘리야는 자기가 없는 동안 자신의 사역이 전혀 방치되고 있지 않았음을 곧 발견할 것이었다. 왜냐하면 그것은 엘리야의 사역이 아니라 **하나님의 사역**이었기 때문이다. 하나님은 모든 일을 완벽히 다스리시는 분이다. 그래서 자신의 백성에게 필요한 휴가를 주실 수 있다. 만일 목사나 선교사뿐 아니라 모든 크리스천이 피곤하고 지칠 때 시간을 내어 쉴 만큼 하나님을 신뢰할 수 있다면, 오늘날의 교회들은 완전히 새롭게 되지 않을까? 분명 우리는 하루 중 어떤 시간이든 내어 '하나님 안에서 안식'하거나, 가족 전체가 하루 휴가를 내어 쉬며, 가정에 치유와 온전함을 가져올 수 있다. 우리가 일 년 중 몇 주, 아니 심지어 며칠이라도 시간을 내어 하나님이 우리를 회복시키고 새 힘을 주시게끔 해 드린다면, 하나님은 우리의 가정에 큰 복을 주실 것이다. 엘리야를 위한 하나님의 치료법은, 오늘날 하나님의 백성에게도 유효하다.

**4단계** 하나님은 엘리야에게 질문을 던지셨다(왕상 19:9). 하나님은 그를 동굴로 이끄셨고, 거기서 하나님의 말씀이 그에게 임했다. "엘리야야 네가 어찌하여 여기 있느냐?" 하나님은 엘리야가 자신이 어디서 왔는지를 이해하고, 자신에게 무슨 일이 일어났으며, 하나님이 무슨 일을 하려고 계획하셨는지 더욱 잘 이해하게 돕고 계셨다. 하나님은 엘리야에게 그의 마음과 생각에 무엇이 있는지 나누어 달라고 부탁하고 계셨다.

치유를 구하는 데 있어서 우리가 "주님, 왜 이런 것입니까?" 하고 질문하는 것도 중요하지만, 하나님이 우리에게 질문하시도록 해 드리는 것 또한 중요하다. 치유는 우리의 마음을 하나님께 쏟아 붓는 것을 통해서가 아니라 하나님의 음성에 귀 기울임으로써 좀 더 쉽게 올지 모른다. 하나님의 질문 자체가 치유일 수도 있다. 그러나 엘리야는 이전과 마찬가지로 자기 연민과 불평의 태도로 대답했다. 그래서 하나님은 그 질문을 통해 엘리야에게서 아무런 변화도 얻어 내지 못하셨다. 하지만 하나님은 동일한 질문을 나중에 다시, 다른 방식으로 하실 예정이었다.

**5단계** 하나님은 엘리야에게 낮게 속삭이는 소리와 같이 세미한 소리로 말씀하셨다(왕상 19:11-13). 우리는 엘리야에게 변화가 일어나기 시작함을 감지할 수 있다. 갈멜 산에서의 엘리야는 담대하고 당돌하며, 자기 주도적으로 움직이는 듯 보였다. 그러나 이제 그는 더 수동적이고 순종적인 모습으로 하나님이 인도하시는 곳마다 따라가고 있었다. 하나님은 그를 아주 부드럽게 다루시는 가운데, 사역의 새로운 국면으로 그를 인도하고 계셨다. 우리는 하나님이 그에게 말씀하신 방식을 통해 이 점을 알아차릴 수 있다. 하나님은 여태까지 엘리야에게 익숙하던 방식, 즉 지진이나 바람, 불 가운데서 말씀하지 않으셨다. 하나님은 사람들의 마음을 변화시키고 이 땅에 그분의 나라를 확장시키기 위해, 꼭 장엄하고 온 땅을 뒤흔드는 방법이 아니더라도, 그와 동일하게 강력한 방법으로 일하실 수 있음을 엘리야에게 가르치고 계셨다.

엘리야는 지진과 불 속의 하나님이 보여 주시는 위대한 표적들에 익숙했으며, 그 속에서 하나님의 임재를 확인해 왔다. 그러나 이제 엘리야는 자신을 압도하고 있는 고요한 침묵 앞에 경외함으로 경탄하여 서 있었다. 그는 아무런 표적도 나타나지 않는 그 침묵 속에서 하나님의 임재를 발견했다. 하나님은 **그분의 말씀 속에 계셨다!**

오늘날의 교회는 침묵의 능력을 되찾을 필요가 있다. 성경적 침묵은 단지 말을 하지 않거나 소음이 없거나, 아니면 그저 다음에 무슨 말을 할지 생각하고 있는 것이 아니다. 하나님의 침묵은 마음의 침묵이다. 하나님은 오늘 우리에게 날마다 시간을 내어 걱정과 염려를 내려놓고, 죄에서 돌이키며 마음속의 시끄러운 방해물들을 제거하여, 그분이 우리에게 하시려는 모든 말씀을 귀 기울여 들으라고 부르고 계신다. 엘리야가 했듯이 그분의 말씀 앞에 무릎 꿇고 듣는 것, 이것이 바로 그분이 찾으시는 침묵이다.

침묵은 동양 예술에서의 여백에 비유해도 좋다. 동양 예술에서 여백은 빈 것도, 불완전한 것도 아니다. 오히려 여백은 그 주위를 둘러싼 그림만큼 중요하다. 이런 여백은 영적 세계에서 '침묵'이라 불린다. 말씀에 있어서 침묵은 집과도 같다.

침묵이 없는 곳에 말씀도 없다.

하나님은 침묵 가운데서 엘리야에게 말씀하셨다. 하나님은 먼저 엘리야에게 전에 하셨던 것과 같은 질문, 곧 "엘리야야 네가 어찌하여 여기 있느냐?"를 물으셨다. 그런데 엘리야에게 변화가 오기 시작했다. 분노와 자기 의가 사라진 것이다. 그는 듣기 시작했다. 그 고요한 가운데, 하나님이 사랑으로 자신을 부르고 계심을 들었다. 로널드 월리스 교수님은 이렇게 말씀하셨다. "오늘날 우리와 함께하시는 하나님의 임재는 대개 조용하게 하시는 말씀, 곧 그 작고 세미한 음성을 통해 깨달아진다. 그리고 이렇게 깨달아지는 임재는 그분이 우리를 사랑하고 용서하시며, 우리의 우울함을 고치기 원하시고, 또 우리 수고가 헛되지 않다는 것을 보여 주는, 우리에게 필요한 유일한 신호다."[8]

갈멜 산에서 일어났던 위대한 행적은, 더는 엘리야의 사역을 대표하지 않을 것이었다. 그보다 이제 엘리야는 좀 더 평범한 삶, 매일의 생활 속에서 순종하는 사역으로 들어가야 했다. 그러나 엘리야는, 바알의 선지자들 앞에서 그렇게 장관을 연출하시며 자신의 기도에 응답해 주신 그 하나님, 기근과 비와 불을 구하는 기도에 응답하셨던 그 하나님이, 매일 그분과 함께 걷는 이 여정 가운데서도 자신의 기도에 계속 응답하시리라는 사실을 알고 있었다.

엘리야는 하나님이 자신을 통해 행하신 장엄한 기적들에 등을 돌린 것은 아니었다. 그의 인생 마지막에 하나님은 그를 회오리바람 가운데 하늘로 들어 올리심으로써 또 하나의 엄청난 기적을 행하실 것이었다. 그렇지만 이제 엘리야는 평범해 보이는 사소한 명령에도 모두 순종할 준비가 되어 있었다. 그는 자기의 사역이 어떤 형태를 취해야 할지 깨달았다. 그는 하나님이 결정하시도록 내어 드릴 준비가 되었다.

하나님을 섬기려는 방법에 있어서, 많은 크리스천이 아직도 분열되어 있다. 어떤 이들은 위대한 표적과 기사들이 있어야만 하나님이 정말 살아 계심을 확신한다. 또 어떤 이들은 하나님의 표적과 기사 없이 개인적 성장과 조용한 생활을 사모한다. 그러나 엘리야는, 하나님이 그분의 임재를 자기에게 어떤 식으로 보이셔야 한다고 하나님께 지시하려 드는 실수를 범하지 않았다. 초대교회의 신자들도 그러지 않았다. 성령님은 급하고 강한 바람과 함께, 그리고 표적과 기사와 함께 오셨다. 성령님은 오늘날에도 계속 그렇게 하신다. 현재 세계적으로 가장 빠르게 성장하고 있는 교회는 오순절 교회다. 우리에게는 오순절의 사건처럼 성령으로 세례 받는 경험도 필요하다. 그러나 그것과 함께 우리는 날마다 조용한 묵상 가운데 우리에게 말씀하시는 하나님의 말씀으로 항상 돌아가서, 그분의 임재 안으로 온전히 들어가, 그분의 위엄과 그분의 거룩하심, 그분의 사랑 앞에 경외함으로 서야 한다.

**6단계**  하나님은 엘리야에게 새 임무를 주셨다(왕상 19:15-17). 그의 새 임무는 이전에 그가 했던 일들만큼 세상을 놀라게 하거나 확연히 눈에 띄는 것은 아니었지만, 그와 동일하게 중요한 것이었다. 하나님이 원하시는 개혁을 완성하려면 아직도 할 일이 많이 남아 있었고, 여전히 전쟁과 피 흘림이 필요할 것이었다. 하지만 엘리야는 더는 그 전쟁들에 관련되지 않았다. 엘리야가 새로 맡은 임무는 비록 '평범해' 보였을지 모르지만, 이전 것과 마찬가지로 중요했다. 이제 그의 가장 중요한 임무는 "형제를 굳게 하"(눅 22:31-32)는 것이었다.

먼저 그는 하사엘에게 기름을 부어 아람 왕이 되게 하고, 예후에게 기름을 부어 미래 이스라엘의 왕이 되게 해야 했다. 그다음에 자신의 후계자로서 엘리사에게 기름을 부어야 했다. 엘리야의 '선지자 학교'에는 다른 젊은 선지자들도 많았지만, 엘리야는 스스로 자기 후계자를 선택해서는 안 되었다. 하나님은 이미 하나님의 사람을 불러 두신 상태였다. 엘리야는 단지 듣고 순종하면 되었다. 하나님은 이 세 사람을 위한 장기적인 계획을 가지고 계셨다. 그 한 사람, 한 사람이 아합 왕과 이세벨을 멸망시키고, 이스라엘 땅에서 바알 선지자들을 뿌리째 뽑을 수 있는 중요한 역할을 감당할 것이었다. 하나님은 이제 일하시는 방법을 확장하고 계셨다. 지금까지 하나님은 엘리야만을 사용하셨지만, 이제는 팀을 사용하고 계셨다. 사실 엘리야는 하사엘과 예후에게 기름을 붓지 않았다. 하나님은 그보다 먼저 엘리야를 회오리바람 가운데서 데려가셨다. 그래서 그는 엘리사에게만 기름을 부었으며, 그 후 엘리사가 다른 두 사람에게 기름을 부었다.

엘리야의 치유 중 이번 단계의 중요성은, 하나님이 아직도 엘리야에게 시키고 싶은 일이 있으셨다는 사실이다. 엘리야가 실수했다고 해서 하나님은 그와 볼일을 끝내지 않으셨다. 그와 마찬가지로, 오늘날도 하나님은 실수를 범하고 죄를 저지르는 자신의 백성이 통회하는 마음으로 그분께 돌아오기만 하면, 그들과 끝을 내지 않으신다.

엘리야는 이제 완전한 회복의 길로 들어섰다. 할 일이 있다는 것은 치료와 회복이 이루어지는 방법 중 하나다. 엘리야는 "아무 일도 안 하고 앉아서 자기가 완전히 회복될 때까지 기다리지 않았다."⁹ 그는 열심히 하나님의 음성을 듣고서, 하나님께서 하라고 하시는 모든 일에 순종했다.

**7단계** 하나님은 엘리야를 공동체로 인도해 가셨다(왕상 19:18). 하나님은 바알에게 무릎 꿇지 않은 교인 7천 명으로 이루어진 '숨겨진 교회'가 있다고 엘리야에게 말씀하셨다. 치유와 회복에 있어 열쇠가 되는 요소 중 하나는, 다른 신자들과 교제를 나누는 것이다. 엘리야의 문제는 그가 단독 행동을 하는 사람이었다는 점이다. 하지만 그는 자기가 얼마나 강하고 신실한지에 상관없이, 사람에게는 외로움을 견딜 수 있는 한계가 있다는 사실을 발견했다. 그리고 하나님은 그에게 더는 홀로 짐을 지지 않아도 된다고 말씀하셨다.

헨리 나우웬은 크리스천의 삶이란 죽는 것이라고 말한 적이 있다.[10] 그는 우리가 지금 잘 죽을 수만 있다면, 우리 삶의 끝에서 죽음에 대한 두려움은 그리 크지 않을지도 모른다고 지적했다. 그는 "진짜 죽음, 곧 시간에서부터 영원으로 넘어가는 과정은 바로 지금 이루어져야 한다"[11]고 말했다. 하나님은 우리가 점차 세상을 내려놓고, 우리를 압도하려 하는 죄들을 내려놓아서, 진정으로 자유롭게 되어 그분을 섬길 수 있도록 도울 만한 사람들을 우리 가까이에 보내 주셨다. 우리는 외국 땅에 있건 고국에서 하나님을 섬기건, 혼자서 선교사가 될 수는 없다. 우리는 사랑의 공동체가 되어야 한다.

하나님의 이 7단계 치유 과정은, 오늘도 그분의 모든 제자에게 열려 있다. 이는 이미 검증된, 회복을 위한 하나님의 계획이다. 먼저, 마음과 몸에 필요한 잠을 자며 잘 쉬라. 천사의 보살핌에 열려 있으라. 사역과 책임에서 잠시 떨어져, 시간을 갖고 하나님의 임재를 즐기며, 가족과 친구들과 함께 시간을 보내라. 또한 하나님이 침묵 가운데 말씀하실 때 들으라. 그분의 말씀 안에 거하라. 하나님이 하라고 하시는 모든 일에 기쁨으로 순종하라. 하나님이 언제 주실지 모르는 새로운 임무에 열려 있으라. 그리고 믿는 자들과의 교제를 즐기라.

**더 깊은 생각과
토의를 위한 질문**

이 질문들에 답하기 전에 열왕기상 19:5-18을 읽으라.

1. 성경적으로 볼 때 성공적인 사람이란, 그의 손을 통해 하나님의 뜻이 형통하게 이루어지는 사람이라는 점에 동의하는가? 우리 사역의 눈에 보이는 결과들이 실패한 것처럼 보일지라도, 우리는 여전히 진실로 성공적일 수 있는가? 당신은 자신이 성공했다고 여기는가? 그렇다면 어떤 식으로 그러한가?

2. 당신의 삶 속에서, 사탄이 당신을 대적하여 악을 계획했지만 하나님이 그 위에 선하고 온전한 그분의 계획을 덮어씌우심으로, 모든 것이 합력하여 선을 이루셨던 적이 있는가? 하나님이 어떻게 악한 상황을 축복의 시간으로 바꾸셨는지에 대해 다른 이들과 나누어 보라.

3. 엘리야를 위한 하나님의 치유와 회복 계획의 7단계를 다시 한 번 숙고해 보라. 당신의 삶에서 어떤 단계들이 도움이 되는가? 그것들이 왜 도움이 되는지 설명해 보라. 당신의 생활양식 가운데 하나님과 친밀하게 동행하기 위해 필요한 '여백'이 있다고 생각하는가?

더 알아보기

# 천사

구약과 신약 모두 하나님을 예배하는 자들로서, 그리고 하나님의 백성을 섬기는 자들로서 천사들의 활동에 관해 많이 언급한다. 천사들의 가장 높은 부르심은 하나님을 예배하는 것이다. 아버지 하나님은 그분의 모든 천사에게 성자 예수님을 예배하라 명하셨다. "하나님의 모든 천사들은 그에게 경배할지어다"(히 1:6). 사도 요한은 다스리는 어린양이신 예수 그리스도에 대한 환상을 보고 다음과 같이 묘사했다. "내가 또 보고 들으매…둘러 선 많은 천사의 음성이 있으니 그 수가 만만이요 천천이라 큰 음성으로 이르되 죽임을 당하신 어린양은 능력과 부와 지혜와 힘과 존귀와 영광과 찬송을 받으시기에 합당하도다 하더라"(계 5:11-12). 마찬가지로, 예수님이 탄생하셨을 때에 하나님의 천사가 목자들에게 나타나 좋은 소식을 알리자, "홀연히 수많은 천군이 그 천사들과 함께 하나님을 찬송하여 이르되 지극히 높은 곳에서는 하나님께 영광이요 땅에서는 하나님이 기뻐하신 사람들 중에 평화로다"(눅 2:13-14)라고 찬양했다.

천사들은 예배자일 뿐만 아니라, 하나님의 말씀을 그분의 백성에게 전달하는 심부름꾼이다. "바람을 심부름꾼으로 삼으신 분, 번갯불을 시종으로 삼으신 분이십니다(시 104:4, 새번역). 천사 가브리엘은 어린 마리아에게 그녀가 우리 주님의 어머니가 될 것이라는 소식을 알려 주었다. 그러고 나서 요셉에게도 나타나, 아기를 마리아의 태에 임신케 한 분은 성령이시니 안심하라고 말해 주었다(마 1:19-25). 시편 기자는 천사들은 여호와의 말씀을 행하며 그분의 말씀에 순종하고 그분의 뜻을 행하는 능력 있는 자들이라고 말한다 (시 103:20-21).

또한 천사들은 하나님의 백성을 안내하고 지키고 보호하며 그들의 필요를 보살펴 준다. "그가 너를 위하여 그의 천사들을 명령하사 네 모든 길에서 너를 지키게 하심이라"(시 91:11). 겟세마네 동산에서도 천사가 예수님께 나타나 힘을 더해 드렸다(눅 22:43). 마찬가지로, 엘리야가 광야에서 삶의 바닥에 이르렀을 때, 천사가 그에게 먹을 것을 주었다. 아이들에게는 그들을 보호하고 인도하는 수호천사들이 있다(마 18:10). 심지어 어른들에게도 그들을 돌보는 천사들이 있다. 베드로가 감옥에서 풀려 나왔을 때, 로데라는 여종이 베드로를 보았다고 하자 초대 그리스도인 공동체는 아니라고 하면서 "네가 미쳤다…그러면 그의(베드로의) 천사라"(행 12:15)고 반응한 것을 보면 입증이 된다.

이렇게 분명하고 풍부한 증거가 있으므로, 우리는 사탄의 사자들이 살아 계신 하나님의 교회를 이토록 강하게 공격하는 이때에, 천사들의 섬김에 대해 열려 있어야 한다.

## 제 8 장

# 하나님의 부르심

*The Call of God*

✝

열왕기상 19:19-21

모든 크리스천에게는 그 삶을 향한 하나님의 부르심이 있다. 우리는 그분의 아들 예수 그리스도께 속하라는 부르심을 받았다. 또한 거룩하라는, 그리고 하나님의 가족인 '거룩한 불의 공동체'에 속하라는 부르심을 받았다. 하나님은 또한 그분의 나라를 이 세상에 확장시킬 독특한 임무를 맡겨 우리 각자를 부르신다. 예수님은 제자들에게 그들이 예수님을 선택한 것이 아니라, 예수님이 그들을 택하고 부르셨다는 점을 확실하게 말씀하셨다. "너희가 나를 택한 것이 아니요 내가 너희를 택하여 세웠나니 이는 너희로 가서 열매를 맺게 하고 또 너희 열매가 항상 있게 하여 내 이름으로 아버지께 무엇을 구하든지 다 받게 하려 함이라"(요 15:16).

### 골짜기의 하나님이요 산의 하나님

하나님은 이미 엘리야를 심한 외로움과 우울증에서 치유하고 회복시키셨다. 그 치유의 시간을 지나는 동안 엘리야는 많은 교훈을 배웠다. 그중에서도 가장 소중한 교훈은 하나님이 산꼭대기에서도, 그리고 골짜기에서도 동일하게 함께하신다는 점이었다. 아람 군대는 나중에 이스라엘에 맞서 전쟁을 일으키려고 산지에 모였을 때, 이 교훈을 문자 그대로 배웠다. 여호와의 선지자 하나가 아합 왕에게, 이스라엘이 승리할 것이니 나가서 아람 군대와 싸우라고 말했다. 선지자의 말대로 이스라엘에게 패배한 후, 아람 왕의 신하들은 아람 왕에게 이스라엘의 하나님은 '골짜기의 신'이 아니라 '산의 신'이기에 진 것이라고 말했다. 그래서 아람은 다시 한 번 골짜기에서 이스라엘을 공격했다. 하지만 그들은 이전보다도 더 크게 패배하고 말았다(왕상 20:13-20). 어쩌면 "내가 사망의 음침한 골짜기로 다닐지라도 해를 두려워하지 않을 것은 주께서 나와 함께하심이라"(시 23:4)라고 썼던 다윗 왕도 이때, 하나님의 이 약속을 기억한 것일지도 모르겠다.

## 엘리사의 부르심

엘리야는 하나님이 맡겨 주신 새로운 일을 시작할 준비가 되었다. 멀지 않은 아벨므홀라라는 마을에 사밧이라는 사람이 아들 엘리사와 함께 살고 있었다. 그들은 엘리야만큼이나 바알 숭배를 싫어하는 사람들이었다. 갈멜 산에서 큰 싸움이 벌어졌을 때 엘리사도 아마 그곳에 있었을 것이다. 엘리사와 그의 하인들은 열두 겨릿소를 데리고 밭을 경작하고 있었다. 엘리사의 겨릿소는 열두째였는데, 이는 중요한 토지 소유주의 아들임을 의미하는 자리였다. 그들은 아마도 갈멜 산에서의 위대한 승리에 대해 이야기하며, 기근에 종지부를 찍은 비를 기뻐하고 있었을 것이다.

그런데 갑자기 엘리야가 나타났다. 그는 엘리사 앞에 잠시 멈춰 서더니, 자기 겉옷을 엘리사 위로 던졌다. 그 행동이 의미하는 바는 매우 명백했다. 엘리사를 비롯한 다른 모든 사람들은 그것이 어떤 뜻인지 알았다. 엘리사는 엘리야의 후계자로 선택받았으며, 이제 모든 것을 버리고 엘리야를 따라가서 그의 훈련에 복종해야 했다. 엘리사는 큰 대가 지불이 따르는 결정을 내려야 했고, 즉시 결정을 내렸다. 그가 원한 것은 단지 부모님께 작별을 고하는 것뿐이었다.

신약에서 예수님이 베드로, 야고보, 요한, 마태를 부르시는 모습은, 엘리야가 엘리사를 부르는 모습을 되풀이하는 것처럼 보인다. 요한복음을 기록할 때 요한은 하루 중 사건이 일어나는 시간에는 별 신경을 쓰지 않았다. 그러나 요한과 그의 형제 야고보가 예수님과 첫 대화를 나눴을 때는 그 사건을 매우 중시한 나머지, 그때의 시간을 기록했다!(요 1:39)

### 내적인 부르심과 외적인 부르심

엘리사는 엘리야가 오리라고 예측했는가? 그는 자기 삶을 향한 하나님의 부르심을 의식하고 있었는가? 그 대답은 '그렇다'여야 할 것이다. 하나님이 이미 엘리사를 부르셨기 때문이다. 엘리사는 엘리야가 자기를 불렀을 때, 자기 영 깊은 곳에서 그것이 하나님이심을 알았다. 하나님은 엘리사에게 **내적인 부르심**, 즉 하나님이 개인적으로 부르셨다는 것을 깊이 확신하게 해주심으로써, 엘리야의 **외적인 부르심**을 위해 엘리사를 준비시키셨다. 이것이 그가 "소를 버리고 엘리야에게로 달려"간 이유다. 모든 그리스도인은 다른 사람을 통해 오는 외적인 부르심에 응할 수 있도록, 하나님께 직접 받은 내적인 부르심이 꼭 있어야 한다. 후에 우리의 믿음을 흔드는 의심과 위기의 시간이 찾아오면, 우리는 **외적인 부르심**에만 의존할 수 없다. 우리가 어떤 교회나 교단이나 선교단체로 부름을 받았을지는 몰라도 **하나님께 부르심을 받지 않았다면**, 단체가 불렀다는 사실만으로는 그런 어려움의 시기에 확신을 가지고 굳게 서 있기 어렵다. 우리는 예수님이 확실히 직접 우리를 부르셨다는 것에 의지할 수 있어야 한다. 그분만이 우리의 확실성이다. 그때 우리는 담대함과 결의를 갖고 나아갈 수 있다.

엘리야에게 엘리사를 부르라고 명한 분은 하나님이셨다. 엘리야는 단지 하나님께 순종하여 자기 겉옷을 엘리사 위에 던졌을 뿐이었다. 엘리야의 부르심은, 하나님이 부르셨으니 순종해야 한다고 엘리사에게 알리는 것이었다. 그 결정은 엘리사에게 큰 희생을 요구하는 결정이었다. 엘리사는 가족과 집과 부유하고 안정된 생활을 포기해야 했다. 하지만 싫다고 답할 수 있었음에도, 엘리사는 기꺼이 그 부르심에 응했다.

**집으로 돌아가라**

그러나 엘리야는 엘리사가 자기를 따르도록 허락하지 않았다. 그 대신 "돌아가라 내가 네게 어떻게 행하였느냐?"라고 말했다. 이는 다음과 같이 해석할 수 있다. "집으로 돌아가라.

하지만 내가 네게 행한 일을 기억하라." 엘리야는 강한 성격의 소유자였고 언제나 혼자 일해 왔다. 그는 위압적으로 엘리사를 대하며, 모든 것을 버리고 당장 자기를 따르라고 으름장을 놓을 수도 있었다. 강하고 압도적인 성격의 지도자가 젊은 제자에게 전적으로 순종할 것을 요구하며 그를 통제하면, 그 제자는 예수 그리스도의 발 아래에서 스스로 결정을 내리지 못하게 된다. 결과적으로 이는 젊은 제자에게 심한 불의를 행하는 것이며, 하나님께도 끔찍한 불의를 저지르는 행위다.

엘리야는 엘리사를 지배하지 않았다. 그는 성숙하고 독실한 하나님의 사람으로, 젊은 제자들이 자신을 따를 만한 여유를 마련해 주었다. 다른 사람들과 함께 일하는 데 있어 엘리야의 성숙함의 의미를 잘 인식했던 바울은 "그런즉 아볼로는 무엇이며 바울은 무엇이냐 그들은 주께서 각각 주신대로 너희로 하여금 믿게 한 사역자들이니라 나는 심었고 아볼로는 물을 주었으되 오직 하나님께서 자라나게 하셨나니 그런즉 심는 이나 물주는 이는 아무것도 아니로되 오직 자라게 하시는 이는 하나님뿐이니라"(고전 3:5-7)고 말했다. 하나님의 사람 엘리야는 어떻게 다른 사람들을 통제하지 않으면서 그들에게 조언할 수 있는지를 우리에게 가르쳐 준다. 이는 젊은 지도자들이 온전히 하나님이 의도하신 모습이 되도록, 그들을 자유롭게 해줄 것이다.

엘리사는 어떤 사람의 설득과도 상관없이 하나님을 선택할 자유가 있었다. 그러나 엘리사는 자신의 삶이 더는 자기 자신의 것이 아님을 알았다. 그는 하나님의 말씀을 듣고, 하나님이 명하신 것에 순종해야 했다. 그는 다시는 결코 자신이 생각하는 것만을 말하거나, 그저 자기가 하고 싶은 일만을 할 수 없었다. 그는 하나님의 절대적인 사랑을 즐기면서도 하나님의 절대적 권위 아래 있는, 여호와의 종이 되라는 부르심을 받았다. 이때는 엘리사에 대한 **하나님의 결정을 선포하는** 때인 동시에, **하나님에 대한 엘리사의 결정**의 때이기도 했다.

### 떠날 준비를 하는 엘리사

지혜로운 엘리야는, 엘리사가 자기의 부르심을 숙고해 보며 떠날 준비를 할 시간을 허용해 주었다. 오늘 우리가 하나님의 부르심에 응하고 있다면, 우리는 가족 및 친구와 관계를 잘 유지하는 가운데, 하나님이 무슨 일을 하고 계시며, 우리 삶을 향한 그분의 부르심이 무엇이며, 또 그 일을 이루기 위해 어떻게 일하고 계신지 그들에게 알리는 것이 중요하다는 사실 또한 기억해야 한다. 만일 엘리사가 사람들과 적절한 관계를 유지하지 못한 채로, 또는 작별인사를 할 시간도 없이 떠났다면, 그날은 슬픔과 분노와 긴장과 우울의 날이었을 것이다. 그러나 엘리사가 올바른 방법으로 떠났기 때문에, 그날은 기쁨과 감사의 날이 될 수 있었다. 그와 관련된 모든 사람이, 하나님이 자신의 종 엘리사를 통해 계획하신 위대한 사역의 한 부분이 될 수 있었던 것이다.

엘리사는 자신에게 일어난 일을 정말 잘 이해했다. 그것은 그의 행동을 보면 잘 알 수 있다. 그는 소를 잡고, 소의 멍에를 나무로 삼아 불을 지펴 고기를 삶음으로써 작별 만찬을 준비했다. 자신과 가족의 필요를 위해, 자신에게 가장 소중했던 존재인 소를 희생시켰다. 그리고 다시는 옛 생활방식으로 돌아가지 않겠다는 의미로, 소의 멍에를 부러뜨렸다. 옛 생활로의 '연결을 잘라 버림으로써' 새로 시작할 준비를 마친 것이다.

하지만 자기 자신의 사역을 시작하기까지 엘리사는 그로부터 10년 동안이나 견습 기간을 보냈다. 그는 엘리야의 조수로 일하며 모든 것을 배워야 했다. 엘리사는 부름 받은 즉시 나서서 사역을 시작하지 않고, 오히려 섬기기 시작했다. 그는 섬기는 지도자가 되는 것이 무엇인지 배우게 될 것이었다. 우리는 이후에 젊은 엘리사의 사역이 더 나이 든 엘리야의 사역보다 더 위대했음을 알고 있다. 기적의 횟수가 두 배로 증가

했다! 엘리사의 사역은 더 능력 있었고, 어쩌면 더 창의적이었을 것이다. 엘리사는 엘리야와 비슷한 방식으로 일했지만, 똑같지는 않았다. 하나님은 엘리사 안에 새 일을 행하셨다.

## 4/14 창문 선교

세계복음화를 위해 하나님을 섬기라는 부르심을 확증받으려 기다리는, 장래 지도자가 될 가능성이 있는 많은 젊은이가 있다. 그중 대다수는 4세에서 14세다! 오늘날 세계적인 선교학자 중 하나인 루이스 부시(Luis Bush)는 미전도 종족들의 지리학적 위치에 초점을 둔 10/40 창문 선교 이론을 고안했었는데, 이제 그는 그것을 '4/14 창문'으로 대체했다. 부시에 따르면, 오늘날 세계 인구의 3분의 1은 15세 미만이다. 그는 이렇게 말한다. "이제 잠에서 깰 때가 왔다. 우리는 이 세대에게 다가가서 그들을 구하고 일으켜야 한다! 기독교인 중 80%가 기독교인이 되려는 선택을 어린아이일 때 끝냈다." 그는 이렇게 덧붙인다. "이제 어린아이들의 때가 왔다! 4/14세의 아이들이 온 세상 곳곳에서 무대의 중심에 서 있다!"[12]

루이스 부시의 말에 따르면, 어린이와 청소년을 일으키는 데 핵심적인 요소 두 가지는 **결정**과 **형성**이다. 어린이들이 예수 그리스도를 선택하는 결정을 내리도록 돕는 일이 점점 더 급박해진 이유 중 하나는, 15세 인구 중 높은 비율이 영구히, 혹은 오랜 기간 교회를 떠나기로 계획하고 있다는 점이다. 그렇기에 4/14 창문을 '금쪽같은 기회의 창문'이라 불러도 좋을 것이다. 기독교적 인격과 성격은 일찍부터 형성된다. 따라서 아이들에게는 사랑을 주고, 진리로 그들을 자유케 하여 하나님의 능력 있는 종들이 되도록 도울 멘토와 스승이 필요하다.

우리는 엘리야가 처음 엘리사를 불렀을 때 엘리사가 몇 살이었는지 모른다. 하지만 그때 엘리사가 아버지의 밭을 갈고 있었던 것으로 보아, 그는 아마도 청년이었을 것이다. 여기서 기억해야 할 가장 중요한 점은, 엘리야가 엘리사를 사역으로 들여보내기 전 10년 동안 그를 양육하고 가르쳤다는 점이다. 이때 엘리사는 성경적 세계관을 형성할 수 있었고, 이 성경적 세계관을 통해 나중에 자신을 둘러싼 악한 세력들을 자신의 생각이 아닌 하나님의 생각으로 대할 수 있었다.

이 두 요소, **결정**과 **형성**은 오늘의 어린 지도자들이 우리 세대의 '이세벨'들에게 도전하고, 온 세계에 하나님 나라를 진전시키라는 하나님의 부르심을 받고 일어나게 준비시킬 열쇠들이다. 우리는 엘리야를 통해, 어떻게 이런 어린 제자들을 불러 왕을 섬기는 자리에 들어가게 하는지 배울 수 있다.

**더 깊은 생각과 토의를 위한 질문**

이 질문들에 답하기 전에 열왕기상 19:19-21을 읽으라.

1. 당신의 삶을 향한 하나님의 부르심은 무엇인지 이야기해 보라. 하나님이 그분을 섬기라고 당신을 부르신 어느 특정한 때가 있었는가? 아니면 당신의 삶을 향한 하나님의 목적을 점차적으로 이해하게 되었는가?

2. 오늘날 '들어가기 어려운' 나라에 선교사로 가라는 하나님의 부르심을 받았지만 가족들의 반대에 직면한 청년에게, 부르심에 관한 엘리사의 이야기는 어떤 교훈을 주는가? 그런 청년의 부모에게는 어떤 교훈을 주는가? 이런 상황에서 성경적인 입장은 무엇인가?

3. 오늘날 젊은이들을 자유케 하여 선교 사역을 감당케 하는 데 필요한 두 가지 핵심 요소가 결정과 형성임을 살펴보았다. 하나님의 뜻을 따르고 그분을 위해 열매 맺으려는 전 세계의 모든 사람을 위해 이 두 가지는 필수적인 요소다. 당신은 하나님이 당신을 어디로 인도하시든지 그리스도를 따르겠다는 결정에 있어 확신을 가지고 있는가? 지혜와 능력으로 세상을 섬기도록 해줄 성경적 세계관을 형성하기 위해, 당신은 무엇을 하고 있는가?

더 알아보기

# 성경적 인격 형성

게리 패럿과 S. 스티브 강(S. Steve Kang)[13]은 진리를 받을 때 **마음의 형성**이 필요하다고 말한다. 교사들은 학생들에게 단지 지식만 전달하지 말고, 더 나아가 학생들이 성경적 진리에 대한 거짓된 추정들을 적발하도록, 그리고 침묵의 능력과 파헤치는 질문을 통해 '여백을 창조'하도록 도와주라고 권고하는 것이다.

그들의 접근 방식은 참된 기독교적 세계관의 발전에 있어 하나님의 말씀이 중심임을 보여 준다. 우리는 무엇보다도 먼저 날마다 하나님의 말씀을 들어야 하며, 그 말씀이 우리 속 깊숙이 자리 잡은 왜곡된 진리를 깨끗이 몰아내게 해야 한다. 그다음에는 그 말씀에 신실하게 순종하여, 하나님의 말씀이 우리를 **예수 그리스도의 형상**으로 다시 빚어가게 해 드려야 한다. 예수님은 "너희가 이것을 알고 행하면 복이 있으리라"(요 13:17)는 말씀을 사람들의 가슴에 던지셨다. 순종은 우리 자신뿐 아니라 세상을 더 큰 축복으로 이끌어 준다.

우리는 우리가 공부하고 묵상하는 내용대로 행동해야 한다. 우리가 묵상한 내용을 실제 행동으로 옮겨야 한다는 말이다. 이는 교회가 다음 두 가지에서 돌이켜야 한다는 뜻이다. 먼저는 우리 자신의 뜻이 아닌 **하나님의 뜻**을 행하기 위해, 하나님의 임재 안에 기다리기만 할 것이 아니라, 활동 본위로 나가야 한다. 또한 단순한 머리의 지식이나 '올바른 교리의 이해'로 만족하고 그것을 순종이라는 행동으로 옮기지 않아야 한다. 교회는 한시라도 빨리 사람들이 '말씀 앞에 마음이 깨어져' 그 마음이 '말씀으로 뜨겁게 되어', 하나님이 하시는 말씀에 순종하기를 기뻐하게 되도록 이끄는, 새로운 사역 방식을 고안해 내야 한다.

성경적 인격 형성을 위해 다른 요소들도 많이 필요하다. 기독교에 관한 기초적인 가르침을 주는 좋은 책을 읽고, 성경공부 모임에 참가하고, 서로 돌보고 책임져 주는 공동체 생활을 발전시키고, 우리의 믿음을 증거하며, 세상에서 가난하고 '목소리 없는' 자들을 위해 자비롭고 정의로운 행동을 하고, 다른 영적 훈련들을 감당하는 일 등이 바로 그렇다.

제 9 장

# 갑절의 성령

*A Double Portion of the Spirit*

✝

열왕기하 2:1-15

성경은 아합 왕에 관해 '자기 영혼을 판 사람'이라고 말한다. 그는 아람 왕의 공격에 담대히 맞서라고 한 선지자들의 말에 순종했고, 승리를 거두었다. 그러나 그는 그 후 온전히 하나님께로 돌아서는 대신, 공공연한 하나님의 적이었던 아람 왕과 우호관계를 맺으려 했다. 그 후 악한 이세벨 여왕이 나봇의 포도원을 불법으로 취하려고 나봇을 죽였을 때, 아합에게는 회개할 기회가 있었다. 그러나 아합은 자신이 악한 이세벨 여왕의 세력 아래 그 어느 때보다 더 깊이 끌려 들어가도록 허용했다.

열왕기상의 저자는 아합에 관해 "예로부터 아합과 같이 그 자신을 팔아 여호와 앞에서 악을 행한 자가 없음은 그를 그의 아내 이세벨이 충동하였음이라"(왕상 21:25)는 평을 덧붙인다. 아합 왕은 자기 자신을 판 사람이었다. 나중에 예수님도 "사람이 만일 온 천하를 얻고도 자기 목숨을 잃으면 무엇이 유익하리요"(막 8:36)라고 말씀하셨다.

엘리야의 삶이 막을 내리면서, 성경은 이세벨의 마음과 같이 타락한 마음의 힘, 그리고 자기 아내의 악한 뜻을 행하기 위해 '자기 영혼을 판' 아합과 같이 타협하는 영의 힘이 어떠한가를 우리에게 상기시켜 준다. 이세벨은 회개할 수 있는 가능성을 넘어선 것처럼 보이는 양심 없는 여자였다. 오늘날에도 이와 동일한 '이세벨의 영'을 볼 수 있지 않는가? 이세벨처럼 타락한 마음으로 정의를 무너뜨리려 결심한 사람들, 하나님의 백성이 사탄의 길로 돌아서도록 만드는 사람들, 포르노와 어린이 성매매를 통해 어린이들과 청년들을 부패시키는 사람들, 그리고 전 세계 곳곳에서 하나님 사랑의 목적을 말살시키려 결심한 사람들 안에서 이세벨의 영을 발견할 수 있지 않느냐는 말이다.

고대인과 현대인을 막론하고, 사람의 악행의 정도는 구약이 아니라 신약에 비추어 해석할 때 비로소 이해할 수 있다. 이세벨은 자기 자신의 힘으로 그렇게까지 악해질 수는 없었다. 이세벨은 예수님이 "처음부터 살인한 자"(요 8:44)라고 부르신 사탄의 힘에 의해 전적으로 조종당한 자였다. 사도 바울은 사탄의 노예가 되어 세상을 혼란시키고 파괴하려는 사람들에 대해 이야기한다. 또 사도 베드로는 "근신하라 깨어라 너희 대적 마귀가 우는 사자같이 두루 다니며 삼킬 자를 찾나니"(벧전 5:8)라고 말한다.

### 새로운 지도자의 때

새로운 지도자가 등장할 때가 왔다. 엘리야가 할 일은 이제 끝났다. 그는 이제 몇 시간만 지나면 회오리바람 속에 하늘로 들려 올라갈 것이었다. 엘리야는 국가적으로 절박한 위기의 때에 이스라엘의 강력한 지도자였다. 그러나 이스라엘의 개혁을 완성하기 위해서는 또 다른 지도자가 일어나야 했다. 오늘날도 그러하시듯, 이런 때 하나님은 새로운 세대의 지도자들을 다음 사역의 단계, 즉 이전 세대보다 한 걸음 더 나아간 단계로 옮기실 계획을 세우신다.

우리가 타문화권 나라들에서 일하는 선교사들에게 항상 가르쳐 온 내용이 있다. 선교사들이 새로운 땅에 도착해서 가장 먼저 할 일은 바로 가망성 있는 지도자들, 곧 선교사 자신이 할 수 있는 것보다 더 새롭고 높은 단계로 사역을 끌어올릴 수 있는 지도자들을 찾고 기도하는 일이라는 것이다. 우리는 선교사들에게 지도자를 선택할 때면 겉모습이나 카리스마적인 성격, 언어의 재능이나 원활한 운영 능력 등을 보고 선택하지 말라고 얘기한다. 그보다는 자신의 삶보다 하나님을 더 사랑하고 마음이 깨끗하며 기꺼이 하나님의 말씀 위에 자신의 삶을 굳게 세우려 하는 사람, 가난한 자들을 향한 긍휼한 마음과 하나님 나라의 확장을 위한 열정을 가진 기도의 사람들을 찾으라고 권고한다. 이것이야말로 전 세계 모든 교회, 모든 크리스천 사역 가운데 새 지도자를 뽑는 기준이 되어야 하지 않을까?

엘리사가 바로 그러한 사람이었다. 그는 자신이 가르침을 잘 듣고 신뢰할 수 있는 사람임을 보여 주었다. 10년이라는 긴 세월 동안, 엘리사는 엘리야의 신실한 종으로서 엘리야를 그림자처럼 따라다녔다. 엘리야는 엘리사가 준비되었음을 알았다. 그렇지만 엘리사는 악의 세력에 대항한 전쟁에 서는 데 있어서는 아직 '검증되지 않은 사람'이었다. 엘리야의 마음속에서 가시지 않던 의문은, '엘리사가 이 백성의 지도자가 될 자질을 갖추고 있는가?'였다.

### 리더십의 이전

리더십을 이전하는 것과 관련된 사람들, 특히 리더십을 한 세대에서 다음 세대로 넘겨주는 사람들 앞에는 두 가지 문제가 놓여 있다. 첫째는 **연속성**이며, 둘째는 **권위를 내려놓는 것**이다. 떠나는 지도자는 자신의 리더십을 양도하고 자신의 권위도 내려놓아야 한다. 또한 새로운 지도자는 하나님이 그 사역에 주신 비전을 인정할 뿐만 아니라 완전히 포용하고, 그 사역의 기초가 되었던 전통을 이어가야 한다. 각 세대가 서로 인정하고 상대방에게서 기꺼이 배우려는 자세를 가져야 하는 것이다.

엘리야는 그동안 홀로 있는 가운데 가장 놀라운 시간을 보내 왔다. 그래서 이제 하나님과만 시간을 보내고 싶었다. 그는 엘리사에게 자기를 홀로 내버려 두어, 혼자서 하나님의 음성을 듣기 위해 떠나게 해 달라고 세 번이나 간청했다. 그러나 엘리사는 세 번의 부탁을 모두 거절했다. 엘리사는 절대로 혼자 남을 수 없었다. 엘리사의 삶에서 가장 중요한 사람이 바로 엘리야였기 때문이다. 엘리사는 육신의 아버지를 떠났고, 이제 엘리야를 영적 아버지로 모신 상태였다. 엘리사는 엘리야의 청을 거절하면서 엘리야의 표현을 그대로 사용한다. "여호와께서 살아 계심과 당신의 영혼이 살아 있음을 두고 맹세하노니 내가 당신을 떠나지 아니하겠나이다"(왕하 2:4).

하나님은 과거에 하나님이 그분의 백성을 어떻게 인도하셨는지에 관한 역사를, 엘리사가 배울 필요가 있다는 점을 알고 계셨다. 그들은 막 길갈을 방문했던 터였다. 길갈은 여호수아와 이스라엘 백성이 요단 강을 건넌 후에 진을 쳤던 곳이다. 거기서 여호수아와 백성은 하나님이 홍해에서 그러신 것처럼, 요단 강물을 어떻게 말리셨는지 자손들에게 알려 주기 위해 열두 개의 돌을 세웠다. 이곳이 바로 하나님이 이스라엘의 아버지들에게 할례를 명하신 곳이었다. 광야에서 태어난 남자아이들에게 할례를 행함으로, 하나님이 '애굽의 수치', 곧 그들의 삶을 물들였던 모든 죄책감과 정죄감과 두려움을 없애 주신 증표로 삼으라고 명하신 곳이었다(수 4:19-5:9). 이곳에서 엘리사는 최근에 하나님이 어떻게 '바알의 수치를 떠나가게' 하셨는지 생각했을지도 모른다.

그들이 두 번째로 찾아간 장소는 벧엘이었다. 그곳은 하나님이 아브라함과 언약을 맺으신 후에 아브라함이 제단을 쌓은 곳이었다(창 12:8). 나중에 야곱은 벧엘에서 하나님의 천사와 씨름을 했으며, 그 일을 계기로 야곱의 삶이 변화되었다. 엘리사는 벧엘이 '하나님의 집'임을 이해하기 시작했다.

마침내 그들은 여리고에 도착했다(수 5:13-6:27). 이곳은 여호수아가 약속의 땅에 도착한 후 처음으로 큰 승리를 거둔 곳이었다. 거기서 그는 그가 선 땅이 거룩한 땅이니 신을 벗으라고 말한 '여호와의 군대 대장'을 만났다.

엘리야는 엘리사를 데리고 요단을 건넜다. 그곳은 엘리야의 최종 목적지였다. 엘리야는 거기서 마지막 기적을 행했다. 엘리야가 겉옷을 벗어 강물을 치자 그 즉시 강이 갈라졌고, 그들은 마른 땅 위를 건넜다. 요단 강은 오늘날 하나님의 백성이 궁극적으로 들어갈 영광의 상징이기도 하다. '요단 강을 건너는 것'은 이생을 지나 좀 더 높은 생으로 옮겨 가는 것을 상징한다. 엘리사는 자신이 거룩한 땅에 서 있음을 분명히 깨달았을 것이다. 그는 엘리야가 지금 막 '요단 강을 건너' 영광으로 들어가려는 것처럼, 자신 또한 요단 강을 건너기 전 완성해야 할 더 높은 부르심으로 부름 받고 있음을 알았다.

엘리사는 자신이 약하고 전혀 준비되지 않은 것처럼 느꼈다. 그 어느 때보다 자신의 부족함을 절감했다. 엘리사는 자신에게 열정과 열심이 있고, 엘리야와 함께 시간을 보내며 많은 것을 배워 왔음을 알았다. 그러나 앞으로 다가올 일에 대해서는 준비되어 있지 않았다. 자기 혼자서 미래와 직면하고 이스라엘에서 악의 세력을 멸절하고 필요한 개혁을 일으키기 위해 하나님의 "이가 날카로운 새 타작기"(사 41:15)가 되려면, 무언가 더 필요함을 느꼈다.

엘리사만 이런 염려를 하는 것이 아니다. 하나님을 알고 그분을 위해 큰 위업을 이루도록 부르심 받은 모든 사람, 남녀노소를 막론하고 많은 사람이 이러한 무력감과 불안감을 느낀다. 예수님의 제자들은 그분과 3년이라는 세월을 함께 살고 함께 섬기고 함께 사역했다. 그럼에도 예수님이 그들을 떠나셨을 때 그들은 준비되어 있지 않았다. 성경학교나 신학교 학생들은 서너 해 동안 집중적으로 성경과 교리를 공부하지만, 막상 졸업을 해도 여전히 사역을 할 준비가 미흡한 경우가 많다. 앞서간 많은 사람들과 같이, 머리로는 하나님의 일들에 관한 많은 지식을 알고 있으나 마음으로는 아직 지식이 부족한 것이다. 수많은 크리스천이 이삼십 년 동안 주님을 섬기고 교회를 섬기지만, 하나님이 원하시는 최상의 사역을 위해 쓰임 받기에는 아직 준비되지 않은 상태다.

### 갑절의 성령

엘리야가 "나를 네게서 데려감을 당하기 전에 내가 네게 어떻게 할지를 구하라"(왕하 2:9)고 말하자, 엘리사는 주저하지 않고 즉시 "당신의 성령이 하시는 역사가 갑절이나 내게 있게 하소서"(왕하 2:9)라고 대답했다. 엘리사는 엘리야에게 있던 성령의 '갑절'이 자신 위에도 있기를 구하고 있었다. 엘리사는 자신이 성령을 **충만한 분량**만큼, 즉 하나님의 종으로서 받을 수 있는 한 많이 받아야 함을 알고 있었다. 그는 더 많은 지식을 구하지도 않았고, 사역의 방법을 이해시켜 달라고 구하지도 않았다. 많은 사람을 효과적으로 다스릴 수 있는 방법을 알려 달라고 하지도 않았다. 엘리사는 엘리야가 용감해서 성공한 것도 아니고 조직적인 능력이 뛰어나서 성공한 것도 아님을 보아 왔다. 엘리야의 사역이 효과적이었던 이유는 단 한 가지, 바로 성령 때문이었다. 엘리사는 스가랴가 자기 백성에게 어떻게 나라를 세우는지를 설명할 때 "만군의 여호와께서 말씀하시되 이는 힘으로 되지 아니하며 능력으로 되지 아니하고 오직 나의 영으로 되느니라"(슥 4:6)고 말한 뜻을 이해하고 있었다.

엘리사는 수평적 차원, 즉 인간적인 차원에서 필요한 것은 모두 가지고 있는 사람이었다. 그렇지만 그에게는 수직적인 차원의 선물, 즉 하나님만이 주실 수 있는 은사가 필요했다. 그에게는 예수님이 그분을 신뢰하는 모든 사람에게 약속하셨던 성령의 **충만한 분량**이 필요했다. "요한은 물로 세례를 베풀었으나 너희는 몇 날이 못 되어 성령으로 세례를 받으리라…오직 성령이 너희에게 임하시면 너희가 권능을 받고 예루살렘과 온 유대와 사마리아와 땅 끝까지 이르러 내 증인이 되리라 하시니라"(행 1:5, 8). 이때 엘리야의 대답은 "네가 어려운 일을 구하는도다"(왕하 2:10)라는 것이었다. 어떤 사람도 하나님의 성령을 다른 사람에게 전달해 줄 수 없기 때문이다.

　엘리사가 엘리야에게 있던 성령의 권능을 구한 후에, 그리고 엘리야가 이에 관해 대답을 해준 후에, 성경은 "두 사람이 길을 가며 말하더니 불 수레와 불 말들이 두 사람을 갈라놓고 엘리야가 회오리바람으로 하늘로 올라"(왕하 2:11)갔다고 말해 준다. 그들은 '길을 가며 말했다.' 그것이 스승과 제자의 '마지막 산책'이었다. 이는 리더십이 '이전'되는 데 있어서, 엘리야와 엘리사 모두에게 가장 소중한 순간이었다. 엘리야는 엘리사에게 전에 없이 마음을 활짝 열었다. 어쩌면 엘리야는, 하나님의 능력이 어떻게 약함 가운데 완전해지는지를 나누었는지도 모른다. 그는 자신의 성공뿐 아니라 실패에 대해서도 이야기했을 것이다. 그리고 무엇보다도 하나님과 가까이 걸으며, 그분의 얼굴만을 구하고 하나님의 말씀 위에만 자신의 삶을 굳게 세우고 하나님께 귀 기울여 순종하라고 엘리사를 격려했을 것이다.

### 어떻게 성령의 '충만한 분량'을 받는가

그렇다면 엘리사는 어떻게 해서 충만한 분량, 곧 성령의 완전한 기름부음을 받았는가? 오늘날 하나님의 백성은 어떻게 예수님만이 주실 수 있는 성령 세례를 체험할 수 있는가?

엘리사는 세 가지를 해야 했다. 바로 예수님이 그 제자들에게 하라고 말씀하신 세 가지였다. 예수님은 "구하라 그러면 너희에게 주실 것이요 찾으라 그러면 찾아낼 것이요 문을 두드리라 그러면 너희에게 열릴 것이니 구하는 이마다 받을 것이요 찾는 이는 찾아낼 것이요 두드리는 이에게는 열릴 것이니라"(눅 11:9-10)고 말씀하셨다. 그리고 "너희가 악할지라도 좋은 것을 자식에게 줄 줄 알거든 하물며 너희 하늘 아버지께서 구하는 자에게 성령을 주시지 않겠느냐"(눅 11:13)고 덧붙이셨다.

**구하라** 10년 동안의 학습은 엘리사에게 불충분했다. 오늘의 많은 선교사들 역시 어려운 상황 가운데 10년 동안 수고한다 해도, 한 나라를 효과적으로 변화시키기에는 역부족이다. 성실히 교회에 출석하고 성경을 많이 읽는 것으로 충분하지 않다. 우리는 **성령 세례를 구해야만 한다!** 그것을 주실 수 있는 유일한 분인 예수님께 구해야 한다. 기억하라. 구하는 자는 누구나 받는다.

**찾으라** 그러나 구하는 것만으로는 여전히 불충분하다. 엘리야는 엘리사에게 "나를 네게서 데려가시는 것을 네가 보면 그 일이 네게 이루어지려니와"(왕하 2:10)라고 말했다. 엘리사는 지켜보며 기도해야 했다. 예수님은 제자들에게 언제나 모든 상황에서 "내 안에 거하라! 내 얼굴을 찾으라!"고 말씀하셨다. 우리는 자동적으로 성령의 채우심을 받지 않는다. 물론 성령님은 믿는 모든 사람 안에 거하시지만, 우리는 우리 삶의 모든 영역을 예수님께 내어 드리고 그분께 구해야 한다. 성령의 권능을 받으려면 우리의 시선을 예수님께만 고정시켜야 한다. 예수님만 바라보아야 한다.

**문을 두드리라** 엘리사는 구했다. 그리고 엘리야가 하늘로 들려 올라가는 것을 보았다. 이제 남은 일은 한 가지뿐이었다. 엘리사는 자신에게 약속된 것을 **취해야** 했다. 그는 하나님이 주고 계시는 선물을 전심을 다해 받아서 자신의 것으로 만들어야 했다. 그렇게 하기 위해서 엘리사는 그저 수동적으로 받는 것뿐 아니라, 행동하는 것 또한 필요했다. 많은 사람이 성령이라는 선물을 구한다. 그리고 자신의 시선을 예수님께 두고, 자신의 삶 가운데 그분께만 초점을 맞추려 노력하기까지 한다. 그런데도 그들은 성령으로 충만해지지 않는다. 이는 그들 스스로 적극적으로 받아들이는 행동을 하지 않은 채, 하나님이 권능의 성령을 그들의 삶 속으로 보내는 기적을 행하시리라 수동적으로 기대만 하고 있기 때문이다. 어떤 이들은 마치 성령이 오셔서 강한 바람으로 그들을 쓸어 가시기라도 하실 것처럼, 뉘우치는 듯한 자세로 고개를 푹 숙이기도 한다. 하지만 우리는 **기대감으로 가득 찬 큰 기쁨으로, 이 선물을 자신의 것으로 만들어야 한다.** 주겠다고 내미신 것을 취하는 데는 '겸손한 담대함'의 영이 필요하다. 엘리사는 "엘리야의 하나님 여호와는 어디 계시니이까"(왕하 2:14)라고 소리치며 물을 쳤다. 그러자 물이 갈라졌고, 엘리사는 강을 건넜다.

   새로운 지도자들은 **구하기**를 배워야 한다. 우리는 크리스천의 생명의 호흡인 기도에 의지하여 살아야 한다. 그렇지 않으면 결코 하나님이 보내신 진정한 지도자가 되지 못할 것이다. 우리 안에는 아무것도 없으며, 모든 것은 하나님 안에 있다. 우리는 하나님께 완전히 의존하여 산다. "다만 모든 일에 기도와 간구로 너희 구할 것을 감사함으로 하나님께 아뢰라"(빌 4:6).

새 지도자들은 **찾는 것**을 배워야 한다. 지도자는 "내가 항상 내 앞에 계신 주를 뵈었음이여 나로 요동하지 않게 하기 위하여 그가 내 우편에 계시도다"(행 2:25)라는 말씀에서 나타난 다윗 왕의 모습처럼 **묵상하는** 사람이 되어야 한다. 우리는 시선을 예수님께 고정시키고 예수님과 함께 걸어야 하며, 걷고 일하면서도 그분을 예배해야 한다.

마지막으로, 새로운 지도자들은 **문 두드리기**를 배워야 한다. 우리는 하나님이 우리에게 주시는 모든 것을 받아야 한다. 그리고 받은 많은 은사들을 시험하여, 우리의 삶 속에서 그것들이 역사하는지 확인해야 한다. 엘리사는 받은 은사를 시험해 보았고, 그것이 역사하는 것을 보았다. 하나님은 자신의 백성이 그분이 하신 말씀을 지켜 달라고 믿음을 가지고 도전할 때 기뻐하신다. 우리는 엘리야와 엘리사가 삶으로 보여 준 것처럼, 하나님이 우리에게 하라고 명하신 모든 일에 순종하고, 또 우리가 하지 못하는 모든 일을 그분이 하시리라 신뢰하며 사는 법을 배워야 한다.

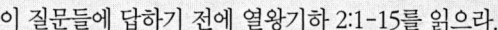

**더 깊은 생각과
토의를 위한 질문**

이 질문들에 답하기 전에 열왕기하 2:1-15를 읽으라.

1. 당신은 오늘날 사회 가운데 '이세벨의 영'이 활동하는 증거를 보는가? 어떤 사례들이 있는가? 이런 사례에 비추어 볼 때, 어떤 지도자들이 일어나 세상을 변화시켜야 한다고 생각하는가? 당신이 지도자가 될 가능성이 있는 젊은이라면, 당신의 삶을 향한 예수님의 부르심에 어떻게 응답하겠는가?

2. 나이 든 세대에서 젊은 세대로 리더십을 이전하는 데 관련된 두 가지 관건은 연속성과 권위를 내려놓는 것임을 살펴보았다. 서로 대조되는 것처럼 보이는 이 두 요소를 어떻게 조화시킬 수 있는가?

3. 당신은 엘리야 안에 일하시던 '갑절'의 성령, 곧 하나님의 자녀로서 받을 자격이 있는 충만한 분량을 개인적으로 받았는가? 만일 그렇지 않다면 성령 세례, 혹 성령의 채우심을 구하고 있는가? 하나님이 당신의 기도에 응답하셔서 당신 안에 성령을 넘치도록 채워 달라고 지금 기도하지 않겠는가?

**더 알아보기**

# 성령 세례

사복음서는 예수 그리스도를 세상 죄를 지고 가는 하나님의 어린양, 그리고 성령으로 세례를 베푸시는 분으로 소개한다(요 1:29-33).

우리는 삶과 사역에서 느끼는 자신의 연약함 때문에 성령의 능력을 구한다. 우리는 약하기를 원치 않는다. 그래서 우리를 큰 능력으로 채우시는 성령님이 우리의 약함과 무력함을 드러내실 때 놀라게 된다. 성령 세례는 우리가 큰 능력을 '소유하게' 하는 것이 아니라, 우리가 우리의 약함 가운데 기뻐하게 해준다. 그때에 하나님의 능력이 우리 삶에서 드러날 수 있기 때문이다. 하나님은 우리의 도덕적인 연약함을 참아 주지는 않으신다. 우리는 회개하고, 죄에서 돌이켜 용서를 받아야 한다. 그러나 우리가 자신의 빈곤함과 능력 없음을 깨닫고 **그분의** 능력을 구할 때 그분은 기뻐하시며, 그때 그분의 능력이 "약한 데서 온전하여"(고후 12:9)진다고 바울은 말한다.

당신은 성령 세례를 받을 준비가 되어 있는가? 여기서 '준비된'이라는 뜻의 영어 단어 'READY'를 사용하여, 나라를 변화시킬 하나님의 사람들이 되도록 도와줄 은사를 구해 보자.

**R 회개하라**(Repent) 모든 죄, 모든 불건전한 관계 및 당신의 생활 가운데서 하나님보다 더 중요하게 여기는 모든 것에서 돌아서라. 믿음으로 하나님의 용서하심을 받으라.

**E 기대하라**(Expect) 예수님이 약속대로 당신에게 성령 세례를 주실 것을 확고히 신뢰하고 기대하며 기다리라. 성령이 불로 임하셔서, 당신을 묶었던 모든 것을 태우고, 예수님만을 사랑하는 불타는 열정으로 당신의 마음을 불붙이며, 당신 안에 하나님의 따뜻함을 불어넣으셔서 다른 모든 신자와 평화와 연합을 추구하게 하실 것을 기대하라.

**A 구하라**(Ask) 구체적으로 구하라. 이때는 다른 사항들을 구하지 말고 예수님이 하나님 아버지께서 약속하신 성령을 보내 주실 것만을 구하라.

**D 마시라**(Drink) 요한복음 7장 37-38절 말씀에 나오는 "누구든지 목마르거든 내게로 와서 마시라 나를 믿는 자는 성경에 이름과 같이 그 배에서 생수의 강이 흘러나오리라"는 예수님의 초청을 받아들이라.

**Y 굴복하라**(Yield) 당신 삶의 통치권을 완전히 하나님께 드리라. 성령님이 당신의 전 삶을 온전히 다스리기 시작하실 때 그분의 부드러운 능력에 굴복하라.

제 10 장

# 새로운 사역의 시작: 축복과 저주

*Beginning A New Ministry:
Blessing and Curse*

✝

열왕기하 2:15-25

엘리사는 그저 인간의 자신감이 아닌, 참된 담대함으로 사역을 시작했다. 그는 스승 엘리야보다 더 자신만만하지는 않았으나, 그와 동일한 담대함을 가지고 있었다. 성경적인 담대함이란, 하나님과 그분의 말씀 앞에서 겸손과 순종으로 떠는 것이다. 하나님의 말씀 앞에서 떠는 자는 자기 자신이 아니라 하나님을 신뢰한다. 담대함은 하나님이 결코 그분에게 속한 자들을 버리거나 떠나지 않으시며, 하겠다고 약속하신 모든 일을 행하시리라는 확신에서 오는 것이다. "오직 자기의 하나님을 아는 백성은 강하여 용맹을 떨치리라"(단 11:32). 하나님의 손에서 기꺼이 도구로 쓰임 받으려는 자들에게는, 하나님이 열방 가운데서 경이로운 일들을 행하신다.

열왕기하 2장 15-25절은 엘리사의 사역 초기, 곧 엘리사가 하나님을 섬기기 시작할 무렵의 이야기다. 그 사역의 시작은 축복으로 가득했지만, 한편으로는 의심과 저주도 있었다. 이것은 나중에 예수 그리스도를 제외한 어느 누구보다 사역에 관련된 기적을 더 많이 행했다고 알려지게 된 선지자치고는 좀 불안정한 시작이었다.

담대함은 엘리사의 부르심에 이미 내재해 있었다. 엘리야는 자신을 따르라고 엘리사를 처음 불렀을 때, 엘리사 위에 자기 겉옷을 던졌다. 이는 하나님의 호의의 표징이자, 엘리사 역시 엘리야가 행한 것처럼 성령의 능력 안에서 걸으리라는 표징이었다. 나중에 엘리야가 자신의 사역 말기에 엘리사를 데리고 요단 강을 건널 때, 엘리야는 겉옷을 벗어 그것으로 물을 쳤다. 그러자 요단 강물이 한쪽에서 다른 쪽으로 갈라져 그들은 마른 땅 위로 건너갔다. 그리고 이제는 엘리사가 하나님을 신뢰하는 자신의 담대한 믿음을 보여 줄 때가 왔다. 엘리야가 엘리사 위에 자기 겉옷을 던진 사실이나, 엘리야가 물 위에 자기 겉옷을 말아 던짐으로써 자기 능력을 보여 준 사실만으로는 충분치 않았다. 이제는 엘리사가 **엘리야의 겉옷을 주워 그것을 사용해야** 했다. 그리고 그렇게 했을 때 여호와의 영이 담대함으로 엘리사에게 임했고, 요단 강이 다시 한 번 갈라졌다. 엘리사는 이제 다시 엘리야에게 의존할 필요가 없었다. 엘리사는, 스승 모세만큼 하나님의 인도하심과 능력을 확실히 알았던 여호수아의 발자취를 그대로 따랐다.

**예수님의 임재를 보여 주는 표징**

우리는 하나님이 우리를 그분의 종으로 인정하심을 확증하는 표징을 많이 볼 수 있다. 하지만 정작 필요한 오직 한 가지 표징은, 우리 가운데 나타나는 예수님의 **임재**다. "우리의 영과 더불어 우리가 하나님의 자녀인 것을 증언하시"(롬 8:16)는 성령이 우리 안에서 일하심을 통해 예수님의 임재가 나타난다. 성령을 통해 우리는 하나님을 "아바 아버지!"라 부를 수 있다. 하나님의 임재를 갈망하고, 매일 아침 그분의 얼굴을 찾고, 말씀 속에서 그분이 이야기하기 원하시는 모든 것에 귀 기울이는 자들은, 다른 어떤 표징도 필요 없음을 안다. 그들의 삶에서는 하나님과의 친밀함이 가장 큰 기쁨이다.

우리는 날마다 예수님과의 친밀함을 즐기는 가운데 그분의 가장 큰 약속을 인식하게 된다. 바로 그분의 성령으로 우리에게 세례를 주겠다고 하신 약속이다. 성령은 초대교회에서 일하신 것과 마찬가지로 오늘도 크리스천의 삶 속에서 일하신다. "하나님도 표적들과 기사들과 여러 가지 능력과 및 자기의 뜻을 따라 성령이 나누어 주신 것으로써 그들과 함께 증언하셨느니라"(히 2:4). 어쩌면 오늘날 하나님의 백성에게 주어진 모든 표적 중에 가장 큰 표적은, 그리스도가 우리를 사랑하신 것처럼 우리가 서로 사랑할 때 하나님이 우리에게 내려 주시는 완전한 평안과 연합일지 모른다.

하나님의 임재! 이는 엘리사의 삶의 목표였다! 이는 또한 "내가 여호와를 항상 내 앞에 모심이여 그가 나의 오른쪽에 계시므로 내가 흔들리지 아니하리로다"(시 16:8)라고 쓴 시편 기자의 목표이기도 했다. 하나님의 임재는 사역을 위한 능력과 은사들을 주신다. 그뿐만 아니라 세상이 알지 못하는 평안, 고통 속에서의 기쁨, 믿음에 대한 확신, 그리고 상실의 시간 가운데 위로를 주시며, 우리가 어두운 골짜기를 지날 때 밝은 빛을 비춰 주신다.

'선지자의 제자들'은 선지자 훈련을 받고 있던 자들로, 오늘날로 치면 사역을 준비하는 신학교 학생 같은 사람들이었다. 엘리사의 시대에 이들은 하나님을 경험하지 못했다. 이들은 단지 하나님에 대해서 '공부'만 하고, 엘리야가 능력을 행하는 것을 지켜보았다. 선지자 학교의 학생들은 엘리사에게 엘리야를 찾아보라고 다그쳤다. 어쩌면 하나님이 그를 어딘가에 숨기고 계실지도 모르는 일이었다. 그들은 엘리사가 부끄러움을 느끼도록 강청했다. 그들은 엘리야가 진정 가 버렸다는 사실을 믿지 못했던 것이다. 그들은 엘리사가 엘리야를의 뒤를 이어 사역에 준비되었다는 사실 또한 아직 믿지 못했다. 믿는 자들의 공동체 속에는 의심이 있었고, 이 의심은 바로 오늘까지도 계속 존재하고 있다. 새로운 지도자들은 모두 이러한 의심에 곧잘 부닥친다. 자기 가족 중에서 홀로 진정한 선지자였던 요셉도 자신을 꿈꾸는 자요 속이는 자라 여겼던 형들의 의심과 대면해야 했다.

**아름다움이 주는 기만**

여리고 성의 지도자들은 자신들의 성을 자랑스러워했으며, 젊은 엘리사 앞에서 그 성의 아름다움을 찬미했다. 겉보기에 여리고는 여러 면에서 훌륭한 도시였다. 최고의 건축가들이 그 성을 지었으며, 모든 환경은 매우 이상적이었다. 그러나 자기 성을 자랑하는 그들의 말 가운데는 깊은 모순이 있었다. 그들은 여리고의 외관상의 아름다움에 속고 있었다. 그들은 엘리사에게 "우리 성읍은 아름답습니다. 하지만 문제가 하나 있습니다"라고 말했다. 그들의 문제는 우물들로 흘러가는 샘 근원이 알려지지 않은 무언가 때문에 오염되어 독이 퍼졌다는 사실, 그리고 **아무도 그 문제를 해결하지 못했다는** 사실이었다. 그 독은 사람과 가축이 모두 유산을 하게 했고, 좋은 곡식도 거두지 못하게 했다.

현재 세상에서 가장 아름다운 도시들 몇몇을 놓고도 같은 말을 할 수 있다. 그들은 훌륭한 문화, 다양한 종교, 높은 생활 수준 등 모든 것을 다 갖추고 있다. 그러나 그들의 **생명의 샘**이 오염되었다. 많은 도시의 핵심이 무언가 잘못되어 있다. 몇 가지만 예로 들어 보자면, 욕심, 정치 및 경제의 부패, 하나님을 반대하는 교육 체제, 성매매, 어린이 포르노 등이 있다. 우리가 사는 세상은 아주 아름다운 세상이다. 강제수용소, 어린이 매춘 영업소, 극심한 가난, 기근, 또는 세계 각처의 학교에서 자행되는 어린이 살해 등의 일만 없다면 말이다.

여리고의 상황은 거의 모든 사람이 성읍을 버리고 떠나야 할 지경까지 악화되어 있었다. 아마도 여호수아 시대에 하나님이 그 성읍에 내리셨던 저주를 떠올린 사람들도 있었을 것이다(수 6:26). 그들은 이 저주가 이제야 현재의 거민들을 찾아왔다고 생각했을지도 모른다. 또 어떤 이들은 우물 안에 악한 영들이 있다고 믿기도 했다. 하지만 문제의 근본 원인은 **그들**

이 처한 상황이었다. 그곳은 하나님이 없는 성읍이었다. 오늘날의 우리도 엘리사와 같이, 인간 사회의 재건설이라는 문제와 직면하고 있다.

**엘리사의 해결책**

엘리사의 해결책은 이중적인 것이었다. 그는 문제를 해결하기 위해 표징과 말씀을 둘 다 사용했다. 표징은 소금이었다. 소금은 제사장을 정결케 하기 위해 다른 무리에서 분리시킬 때와 같이, 종교 의식 중 분리하는 의식에서 사용하는 것이다. 그런 의식을 통해 제사장은 일반적인 것들에서 분리되어, 성스러운 것과 결합된다. 엘리사가 물의 근원에 소금을 뿌렸을 때, 그는 물을 정결케 하는 의식을 행한 것이었다. 이 샘물은 여리고 성에 생명을 주기 위해 존재해야 했지만 생명 대신 죽음을 주고 있었다. 그러나 이제 엘리사는 샘물에서 독과 죽음을 분리시키고, 샘물을 정결케 하여 거룩해지게 하고 있었다. 이 성읍은 더는 저주받지 않고, 오히려 복을 받을 것이었다.

그러나 실제로 그 성읍을 정결케 한 것은 새 그릇에 담긴 소금이 아니었다. 소금은 단지 표징에 불과했다. 성읍을 치유하고 정결케 한 것은 하나님의 말씀이었다! "여호와의 말씀이 내가 이 물을 고쳤으니 이로부터 다시는 죽음이나 열매 맺지 못함이 없을지니라 하셨느니라 하니 그 물이 엘리사가 한 말과 같이 고쳐져서 오늘에 이르렀더라"(왕하 2:21-22). 하나님의 말씀은 얼마나 참된지! 나는 1972년에 여리고 성을 방문했는데, 하나님이 고치신 바로 그 샘에서 물을 마실 수 있었다. 물은 엘리사의 시대와 마찬가지로 여전히 깨끗했다.

"여호와의 말씀이…." 여리고 성에 실제로 생명을 가져온 것은 표징이 아니라 말씀이었다. 하나님의 말씀은 그분의 표징 안에 생명을 불어넣는다. 성경의 모든 표징과 기적은 하나님의 말씀을 가리킨다. 교회는 현대의 공해 문제나 환경파괴 문제를 놓고 무슨 말을 해야 하는가? 오늘날의 교회는, 아주 부유한 자들은 더욱 부유해지고 아주 가난한 자들은 훨씬 더 가난해지는 사회 문제를 두고 무슨 말을 해야 하는가? 북한의 재건설 같은 국가적인 문제를 놓고는 무슨 말을 해야 하는가? 그저 개인 구원의 복음만을 계속 전하며, 사회와 국가의 죄는 간과해도 되는가? 단지 우리 교회 건물의 복제판을 세우고, 우리 같은 목사와 지도자들을 훈련할 신학교를 계속 세우기만 하면 되는가? 결코 그렇지 않다! 우리는 유일한 해결책을 말할 수 있고, 말해야만 한다. 하나님의 말씀이 한 나라나 도시에서 신실하게, 그리고 참되게 선포될 때, 하나님은 그 나라나 도시를 회복시키실 것이다! 하나님의 말씀은 영적인 기적들뿐 아니라 사회적인 기적들도 일으킨다.

## 벧엘과 여리고

엘리사는 계속해서 벧엘 성읍으로 올라갔다. 거기서 그는 사역 초기에 또 하나의 뼈아픈 교훈을 얻었다. 그는 자신의 말이 축복과 생명뿐 아니라 심판과 파멸을 가져올 수도 있다는 사실을 배웠다.

우리는 엘리사의 사역 초기를 전체적으로 보아야 한다. 여리고 성은 하나님께 저주를 받았지만, 곤궁에 처한 성읍 거민들은 하나님의 말씀으로 돌아왔다. 벧엘은 아브라함이 자신의 첫 제단 중 하나를 세워 하나님을 경배하고, 하나님이 야곱에게 그분의 언약을 새로이 주신 곳이었다. 바로 여기서 야곱은 하늘까지 닿은 사닥다리, 그리고 하나님의 사자들이 그 위에서 오르락내리락하는 환상을 보았다. 그러나 오랜 세월 후에 벧엘 거민들은 하나님을 예배하는 데서 돌아섰다. 벧엘에서 바알 숭배가 두드러졌다는 증거도 있다. 그들은 **하나님의 적**이 된 것이다. 어른들은 아이들과 젊은이들을 잘 가르쳤지만, 하나님을 경배하라고는 가르치지 않았다. 오히려 하나님을 떠나고 하나님의 선지자들을 조롱하라고 가르쳤다.

### 능력의 어두운 측면

많은 학자가, 본문에 언급된 '작은 아이들'이 어린 소녀들을 가리키는 말이 아니라는 데 의견을 모은다. 사실 그들은 오늘날의 방랑하는 청소년 무리 같은 자들일 가능성이 매우 높다. 요즘 우리는 전 세계 많은 나라에서 중학생들이 노인이나 장애인들을 심하게 공격하고, 청소년들이 노숙자들을 살해했다는 뉴스를 듣는다. 또 고등학생들이 폭력을 휘둘러 동료 학생을 죽였다는 신문 기사를 접한다. 아마 본문의 이 아이들은 그저 엘리사가 대머리임을 조롱하는 작은 아이들이 아니라, 하나님을 미워하도록 부모에게 가르침 받은 젊은이들이었을 것이다. "대머리여 올라가라"는 말은, 엘리야의 승천을 비꼬면서 엘리사에게도 같은 일을 해보라고 조롱하는 말이었는지 모른다. 오늘날도 종종 그렇듯이, 벧엘 성읍의 청소년들은 그 성읍 자체를 실제로 대표하는 대변인들이었다.

하지만 그럼에도 엘리사의 행동에는 변명의 여지가 없으며, 우리는 그를 변호할 수 없다. 우리는 능력이 비극적으로 오용된 한 예를 본다. 권능의 밝은 면이 아닌 어두운 면을 본다. 예수님은 사람들을 저주하지 않으셨다. 엘리사가 그들을 저주한 것은 잘못이었다. 예수님은 바리새인들에게 "나는 너희를 심판하지 않는다. 너희가 스스로를 심판했다"고 하셨다.

그러나 복음 안에는 심판의 요소도 포함되어 있다. 바울은 "우리는 구원받는 자들에게나 망하는 자들에게나 하나님 앞에서 그리스도의 향기니 이 사람에게는 사망으로부터 사망에 이르는 냄새요 저 사람에게는 생명으로부터 생명에 이르는 냄새라"(고후 2:15-16)고 말했다. 예수님도 이렇게 말씀하셨다. "내가 심판하러 이 세상에 왔으니 보지 못하는 자들은 보게 하고 보는 자들은 맹인이 되게 하려 함이라"(요 9:39). 순전케 하고 깨끗케 하는 불은 또한 소멸하는 불이다.

이 두 성읍의 운명이 반전된 모습은 대단히 놀랍다. 여리고는 오래전에 하나님이 저주하신 도시였고, 벧엘은 하나님이 복 주신 곳이었다. 그런데 이제 하나님은 엘리사를 통해 그들의 운명을 바꾸어 놓고 계셨다. 하나님의 은혜는 모든 이에게 값없이 주어지지만, 자동적으로 주어지지는 않는다. 어떤 장소나 어떤 민족은 한동안 하나님의 은혜 아래 번영할지 모르지만 그 후에 하나님께로부터 돌아서서 하나님을 거부한다. 개개인뿐 아니라 나라들도 하나님의 복 아래 계속 머물지, 아니면 저주 아래 머물지 선택해야만 한다.

### 저주에서 해방되어

하지만 오늘날 많은 민족과 나라는 축복 대신 저주 아래 살겠다는 선택을 했다. 그러나 예수 그리스도의 나라에 속한 자들은 저주에서 자유롭다. 저주는 한 세대에서 다음 세대로 전달되지 않으며, 어느 특정 민족이나 장소 위에 영원히 머물지도 않는다. 예수 그리스도의 피는 과거에 우리에게 임했을지도 모르는 저주, 그리고 현재 우리에게 임하는 모든 저주를 끊으신다. 하나님은 사탄이 우리를 파멸시키도록 허락지 않으실 것이다. 우리는 이 사실을 온전히 확신하며, 그분만을 신뢰하기로 결정해야 한다. 하나님의 은혜를 받기로 결정해야 하는 순간은 각 사람에게, 그리고 각 나라에게 온다. 하나님은 과거의 하나님뿐만이 아니라 현재의 하나님이시다. 하늘 보좌로 가는 문은 들어가려는 모든 사람에게 활짝 열려 있다.

조금 불안정하게 시작을 한 엘리사는 갈멜 산으로 올라갔다. 아마 엘리사는 자신에게 임한 이 경이롭고 무서운 능력을 이해하기 위해 다시 한 번 하나님을 찾기로 결심했을 것이다. 거기에서 그는 사마리아로 가서 하나님의 종으로서 사역을 계속했다.

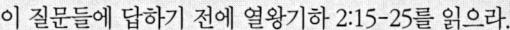
더 깊은 생각과
토의를 위한 질문

이 질문들에 답하기 전에 열왕기하 2:15-25를 읽으라.

1. 하나님이 당신 안에서, 또 당신을 통해서 세상을 변화시키기 위해 일하고 계심을 보여 주는 표징에는 어떤 것들이 있는가?

2. 당신이 살고 있는 도시의 영적 상태는 어떠한가? 당신의 도시를 정결케 하기 위해, 하나님이 당신을 어떻게 사용하기 원하신다고 생각하는가? 당신의 도시나 나라에 하나님 나라가 확장되게 하기 위해 당신은 어떤 행동들을 취하고 있는가?

3. 우리는 엘리사가 자신을 조롱하던 젊은이들을 저주한 사건을 통해, 능력에는 밝은 측면과 어두운 측면이 모두 존재한다는 사실을 배웠다. 당신의 나라에서도 이것이 사실임을 볼 수 있는가? 빌립보서 2장 14-16절을 읽고, 우리가 세상에서 하나님의 백성으로서 어떻게 진정한 영적 능력과 권위를 행사할 수 있는지 생각해 보자.

더 알아보기

## 그리스도인과 저주

예수 그리스도의 피로 깨끗하게 씻음 받은 크리스천에게 있어서 더 이상 저주는 다음 세대로 전해지지 않는다. 갈라디아서 3장 13절에 의하면 그리스도는 우리를 위하여 저주가 되심으로써 율법의 저주에서 우리를 속량하셨다. 우리는 율법의 저주에서 풀려났기 때문에 이제 우리를 자유롭게 하시는 하나님의 은혜 아래 산다. 하나님이 주시는 모든 복은 그리스도 안에 있으며, 우리는 믿음으로 그것을 받는다. 그러나 만일 우리가 믿음 안에 행하지 않고 율법의 모든 규칙과 규정과 요구 사항들 아래 살기로 선택한다면, 우리는 저주 아래 남는다. 이 말은 그리스도 안에 있는 구원에서 멀리 떠나는 크리스천들은, 믿음으로 살기를 거부하고 자신들이 열심히 하는 일을 통해 하나님을 기쁘게 해 드리려 함으로 옛 생활로 돌아가는 크리스천들은, 율법의 저주 아래 자신을 다시 한 번 가두는 것이 실제로 가능하다는 뜻이다.

오늘날 몇몇 크리스천 교사는 저주가 세대에 걸쳐 전해진다고, 심지어 이것이 믿음으로 사는 크리스천들에게도 그러하다고 가르친다. 그러나 그들의 가르침을 자세히 검토해 보면, 거의 전적으로 구약의 구절들에만 의거하고 있고 신약 말씀에는 전혀 의거하지 않고 있음을 알 수 있다. 이런 가르침은 히브리서 저자가 말하는 '큰 구원'이 아니다. 승리는 '세대에 걸쳐 전해지는 저주를 풀어 주려고'

크리스천들을 위해 기도해 주는 유명한 교사에게서 오는 것이 아니다. 크리스천은 오직 예수 그리스도가 흘리신 피, 곧 새 언약의 피로 말미암아 저주에서 해방될 수 있다. 하나님을 아는 참된 지식이 우리를 모든 저주에서 풀어 준다. 하나님의 말씀 안에 거하면 우리는 진리에 이른다. 예수님은 "진리를 알지니 진리가 너희를 자유롭게 하리라"(요 8:32)고 말씀하셨다.

사탄은 계속하여 거듭난 크리스천들을 공격한다. 사탄을 따르는 무리나 개인들은 오늘도 크리스천들에게 저주를 내린다. 그러나 우리는 예수 그리스도가 흘리신 피로 깨끗이 씻음 받았을 뿐만 아니라, 그 피로 덮여 있음을 기억해야 한다. 사탄은 살인하는 자요 거짓의 아비다. 그는 속임으로써 일한다. 우리는 예수님의 이름으로, 성령의 능력으로, 또한 보혈의 피를 무기로 삼아, 서로 돌보고 서로 기도해 주며 진리로써 사탄과 대적해야 한다. 그러면 마귀는 물러갈 것이다(약 4:7). 우리는 우리의 구원을 기뻐하기로, 하나님의 뜻에 순종하여 믿음으로 살기로, 우리를 치려고 제조된 사탄의 모든 연장이 쓸모가 없을 것이라는 온전한 확신을 가지기로, 그리고 적의 공격에 대적하기로 결정해야 한다.

제 11 장

# 기적이 일어나는 과정

*The Makings of A Miracle*

†

열왕기하 4:1-7

하나님은 국회나 의회만을 방문하지 않으신다. 나라의 정사들만을 지휘하지 않으신다. 그분은 이 세상에 살고 있는 모든 개개인의 하나님이시다. 그분은 통치자들과 나라들의 운명을 다스리시지만, 또한 과부와 고아를 돌보신다. 사도 야고보는 하나님이 보시는 참된 종교란 무엇인지에 관해 다음과 같이 정의한다.

"하나님 아버지 앞에서 정결하고 더러움이 없는 경건은 곧 고아와 과부를 그 환난 중에 돌보고 또 자기를 지켜 세속에 물들지 아니하는 그것이니라"(약 1:27).

"여호와 우리 하나님과 같은 이가 누구리요 높은 곳에 앉으셨으나 스스로 낮추사 천지를 살피시고 가난한 자를 먼지 더미에서 일으키시며 궁핍한 자를 거름더미에서 들어 세워"(시 113:5-7).

하나님은 그분을 부르는 자들에게 오신다. 그분은 환난 때에 언제나 도움이 되신다. 매일 아침 자신의 보좌 앞에서 우리를 만나 주셔서 자비와 긍휼로 새롭게 해주시며, 우리가 필요할 때면 언제나 은혜를 부어 주기 원하신다.

엘리야와 엘리사는 그들의 주인이신 하나님처럼, 국가 지도자들뿐 아니라 가난하건 부유하건 상관없이 개개인들도 쉽게 다가가 교류할 수 있는 사람들이었다. 그들은 나라에 큰 영향력을 끼쳤다. 엘리야와 엘리사가 하나님께 받은 예언이라는 영적 은사를 갈망하며, 그들에게 훈련받기를 원하는 젊은이도 많았다. 하지만 이 젊은이들이 만약 엘리야가 했던 것처럼, 혹은 나중에 이사야나 예레미야나 에스겔이나 호세아가 그래야 했던 것처럼 하나님의 선지자가 치러야 하는 온전한 대가를 알았더라면, 아마도 선지자가 되려는 갈망이 조금은 사그라졌을 것이다. 구약의 선지자들은 현대의 어떤 예언자들이 그러하듯이 그저 예언의 말씀만을 전하고 난 후, 백성에게서 자신을 분리시켜 그들을 멀리하지 않았다. 엘리야와 엘리사, 예레미야와 에스겔은 모두 자신들이 섬겼던 백성의 삶에 깊이 관여했다.

엘리야와 엘리사를 중심으로 선지자의 공동체가 생성되기 시작했다. 미가가 그들 중 하나였고(왕상 22), 다른 젊은이들도 엘리야와 엘리사에게 배우기 위해 이 공동체의 일부가 되었다. '선지자의 제자들'이라 불리던 이 무리 중에는 결혼한 자들도 있었다. 그런데 성경을 보면, 선지자의 제자가 죽은 후에 남겨진 과부에게는 아무런 양식의 공급원이 없었다. 한번은 젊은 과부 하나가 엘리사에게 와서 자신의 부당한 상황을 설명하며 부르짖었다. 그녀의 남편은 죽었고, 그것이 그녀의 잘못이 아니었음에도 생존을 위해 빚을 질 수밖에 없었다. 엘리사 시대의 사회 체제는 너무나 부패하여, 모세의 율법에 명시되어 있는 복지와 원조에 대한 법이 지켜지지 않고 있었다. 그들은 그 법을 알고는 있었지만 순종하지 않기로 선택한 것이다. 레위기 25장 39-41절을 보면 이스라엘 백성은 같은 이스라엘 사람에게 빚을 돌려받고자 그를 노예로 취해서는 안 되며, 빚진 사람은 빚을 갚기 위해 일하는 동안 봉급을 받아야 마땅하다. 그러나 이 과부는 돈을 빌려 준 사람이, 자신이 빚을 다 갚을 때까지 자기의 두 아이들을 종으로 데려가려 한다고 말하고 있었다.

### 내가 너를 위하여 어떻게 하랴?

엘리사는 즉각 과부에게 "내가 너를 위하여 어떻게 하랴?"라고 물었다. 이 질문은 엘리사 안에 있는 목자의 마음을 드러낸다. 이것은 크리스천들이 날마다 서로 물어야 할 질문이기도 하다. "당신을 돕기 위해 제가 할 일이 있나요? 무엇을 해 드릴까요?" 이렇게 질문할 때, 우리는 그리스도의 마음을 갖기 시작하게 된다. 한 단계 더 나아가, 우리가 예수 그리스도의 교회로서 사회에서 경시받는 가난한 자들에게 이 질문을 한다면, 참된 종교를 실천하는 것이 된다. 예수님이 맹인 거지 바디매오를 보셨을 때 던지신 첫 질문은 "네게 무엇을 하여 주기를 원하느냐?"(막 10:51)였다.

하나님은 오늘도 여전히 우리가 다가갈 수 있는 분이다. 그분은 우리 가까이 계시며, 우리를 위해 무엇을 해줄지 계속 묻고 계신다. 우리가 말씀을 읽고 연구하며 묵상할 때, 하나님은 우리에게 오신다. 우리가 성찬식에서 주님의 식탁 주위에 모일 때, 그분은 매번 새로운 방법으로 그분 자신을 우리에게 드러내 주신다. 우리가 그분의 이름을 부를 때마다 하나님은 응답하시며 우리의 필요를 만족시켜 주신다.

### 네게 무엇이 있느냐

엘리사는 한 가지 질문을 더했다. "네 집에 무엇이 있느냐?" 그 과부의 대답은 "아무것도 없나이다"였다. 하지만 과부에게는 몇 가지가 있었다. 그중 하나는 **기름 한 그릇**이었다. 또한 그 과부는 세상을 떠난 자기 남편과 마찬가지로 '여호와를 경외하는 마음'을 가지고 있었다. 성경에 따르면 여호와를 경외한다는 것은 떨리는 마음과 겸손함으로 하나님의 말씀 앞에 서고, 그 말씀이 우리를 깨뜨려 예수 그리스도의 형상으로 다시 빚어지도록 내어 드린다는 뜻이다. 예수님은 죄를 미워하고 의를 사랑하신다. 이것이 여호와를 경외하는 자의 마음이다. 여호와를 경외하는 것은 하나님이 일을 행하시리라는 기대를 증가시킨다. 그래서 이 과부는 사실 자신이 생각한 것보다 더 많은 것을 가지고 있었다. 기름 한 그릇과 여호와를 경외함 외에도, 궁핍할 때 하나님을 바라는 **기대하는 믿음**이 있었다.

과부는 자신의 필요를 충족시킬 자원이 자신에게는 하나도 없음을 잘 알았지만, 자신이 가진 모든 것을 하나님께 드려 그분이 원하는 대로 쓰시도록 순종할 자세가 되어 있었다. 과부는 기름 한 그릇이 별거 아니라고 생각했지만, 이제는 하나님이 그것을 사용하여 자신의 필요를 충족시켜 주실 수 있음을 깨닫게 되었다. 이 과부는 예수님의 어머니 마리아가 하인들에게 "너희에게 무슨 말씀을 하시든지 그대로 하라"(요 2:5)고 한 말이 무슨 뜻이었는지 분명하게 이해했을 것이다.

### 나가서 모든 이웃에게 그릇을 빌리라

하나님은 과부의 필요를 채워 주시려고, 하나님을 의지하는 과부의 마음만이 아니라 그 이상의 것도 사용하셨다. 그녀를 가난에서 건져 내기 위해 이웃사람들도 사용하신 것이다. 우리는 종종 우리에게 필요가 있을 때 우리 자신을 낮추어 이웃에게 도움을 구하기보다는 하나님이 우리를 개인적으로 찾아오시기를 원한다. 사도 바울은 다메섹으로 가는 길에서의 체험 이후, 하나님이 아나니아를 보내셔서 자신을 위해 기도하게 하신 것을 알았을 때 분명 놀랐을 것이다. 하나님은 알려지지 않은 아나니아라는 사람을 사용하셔서 바울의 사역의 문을 여셨다. 하나님은 아나니아에게 명하여, 바울이 시력을 되찾고 성령으로 충만해지도록 기도하게 하셨다. 심지어 예수님도, 그분의 친구들이었던 나사로와 마리아와 마르다의 위로와 격려를 기쁘게 받아들이셨다. 예수님은 그들과의 우정이 하늘에 계신 아버지에게서 온 선물임을 아셨고, 그들을 자주 방문하셨다.

모든 크리스천은 다른 사람들을 섬기라는 부르심을 받았다. 다른 사람들에게 후히 나누는 마음은 우리의 사역을 매우 굳건케 해준다. 우리는 우리의 도움이 필요한 사람이라면 그들의 종교나 정치적 입장이나 사회적 신분에 상관없이, 모든 이의 이웃이 되어야 한다. 그러나 이 구절은 또한, 다른 사람들이 우리에게 필요한 도움을 제공할 때 기꺼이 받아야 함을 가르쳐 준다. 이는 우리에게 특권이요 축복이다. 이를 남용하여 우리의 모든 필요를 다른 사람들이 만족시켜 주기를 기대하는 일은 절대 없어야 할 것이다. 그렇지 않다면 우리는 궁핍할 때 기꺼이 구해야 하지만, 그보다 더 기꺼이, 줄 능력 이상으로 다른 사람들에게 주어야 한다.

### 조금 빌리지 말고

엘리사는 과부가 이웃들에게 빈 그릇을 많이 빌리기를 꺼려할 수 있다는 사실을 알았다. 또한 과부가 그렇게 많은 그릇이 필요하다고 생각지 않을 것이라는 점도 알았다. 그래서 엘리사는 "조금 빌리지 말고"라고 말했다. 우리는 때로 우리의 불신으로 하나님을 제한한다. 하나님은 이 과부가 받아들이리라 생각하고 있는 분량보다 더 많이 공급해 주기를 원하셨다. 하나님은 과부에게 믿음을 더 크게 가지라고 말씀하고 계셨다. 대개 우리의 믿음은 하나님의 은혜가 끝나기 전에 멈춰 버린다. 그러나 하나님은 얼마나 더 많이 하실 수 있는지! 우리가 하나님을 전적으로 신뢰한다면, 그분이 우리를 얼마나 더 크게 사용하실 수 있는지! 저명한 스코틀랜드 성경해설가 알렉산더 맥클래런(Alexander Maclaren)은 이렇게 말했다. "하나님이 우리의 빈 그릇 안으로 그분 자신을 쏟아부으시도록 우리 자신을 빈 그릇으로 그분 앞에 가져오는 한, 하나님은 계속하여 자기 자신을 내어 주신다.… 하지만 우리가 소원함으로 우리 마음의 그릇을 열어서 가져오지 않으면, 그분은 기름을 주실 수 없다. 당신은 당신이 갈망하는 만큼만 하나님을 소유할 수 있다."[14]

윌리엄 캐리의 평생의 좌우명은 "하나님이 위대한 일들을 하실 것을 기대하라. 그리고 하나님을 위해 위대한 일들을 시도하라!"였다. 여기에 "하나님을 위해 위대한 생각들을 하라!"는 말을 덧붙여도 좋을 것이다. 우리가 하나님의 참된 모습을 알게 되면, 우리의 생각과 마음이 확장되며 우리의 믿음이 증가한다. 하나님이 위대한 일들을 행하실 것을 기대할 때 우리는 더 많이 받는다. 그리고 더 중요한 것은, 우리 이웃의 삶에서 그리고 세상에서 고통을 경감시키고, 화해의 복음을 능력 있게 선포하는 일들을 더 많이 할 수 있게 된다는 것이다.

### 문을 닫고

하나님은 닫힌 문 안에서 그분의 위대한 기적을 행하셨다. 이웃들은 자기들의 빈 그릇 안에서 기름이 불어나는 것을 지켜보지 못했다. 그들은 자기들의 선물인 작은 그릇 하나가 그 과부와 아들들을 얼마나 도와줬는지 결코 알지 못했다. 이는 종종 인생에 있어서도 마찬가지다. 우리는 우리가 목마른 한 사람에게 주었던 찬물 한 잔이 그에게 얼마나 큰 도움이 되었는지 결코 알지 못할 수 있다. 그러나 그로 말미암아 그 사람의 삶이 바뀌었을지도 모른다.

이것이 믿음 중에서 '숨겨짐'이라는 부분이다. 우리의 삶은 우리를 위해 기도해 준 수많은 사람에 의해 구원받거나 고침받거나 형성되었다. 우리가 궁핍할 때 누군가가 선물을 주었을 수 있다. 우리는 단지 감사할 따름이며, 하나님이 우리에게 보내신 사람들을 섬길 때에 숨겨짐에 만족해야 한다. 엘리야는 그 과부의 품위를 지켜 주기 위해 문을 닫으라고 했는지도 모른다. 의심의 여지없이, 그는 하나님만이 모든 영광을 받으시도록 그렇게 했다.

### 가서 기름을 팔아 빚을 갚고 … 생활하라

단순한 믿음의 행위 하나로, 과부의 모든 빚은 청산되었다. 우리는 예수 그리스도가 십자가 희생이라는 한 번의 대체 행위로 우리의 죄의 빚을 소멸하시고, 우리를 속박과 두려움에서 자유롭게 하셨음을 기뻐한다. "그가 죽으심은 죄에 대하여 단번에 죽으심이요"(롬 6:10).

그러나 여기서 멈춰서는 안 된다. 예수님은 자신이 우리를 죄에서 구원하실 뿐만 아니라, 그 안에서 생명의 풍성함에 이르도록 구원하신다고 말씀하신다. "내가 온 것은 양으로 생명을 얻게 하고 더 풍성히 얻게 하려는 것이라"(요 10:10). 그 과부는 기름을 팔아, 여생을 가족과 함께 편안하게 살 만큼 부유하게 되었다. 과부는 하나님의 백성을 통해 하나님께 복을 받고, 자기 이웃들에게 축복의 근원이 되었다. 하나님은 우리에게 약속해 주셨다. "하나님이 능히 모든 은혜를 너희에게 넘치게 하시나니 이는 너희로 모든 일에 항상 모든 것이 넉넉하여 모든 착한 일을 넘치게 하게 하려 하심이라"(고후 9:8).

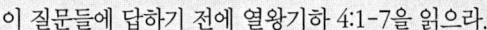
**더 깊은 생각과
토의를 위한 질문**

이 질문들에 답하기 전에 열왕기하 4:1-7을 읽으라.

1. 당신은 예수님이 직접 "내가 네게 무엇을 해주기 원하느냐?"고 말씀하시는 것을 들어본 적이 있는가? 하나님이 당신을 찾아와 돕겠다고 하셨을 때, 당신을 둘러싼 상황은 어떠했는가? 당신이 그분께 응답했을 때 무슨 일이 일어났는지 설명해 보라.

2. 지난 몇 년 동안 하나님은 어떻게 당신의 필요를 공급해 주셨는가? 당신에게 직업을 주심으로써 그렇게 하셨는가, 아니면 당신에게 필요한 모든 것을 직접 공급해 주셨는가? 다른 사람들을 사용해 당신의 필요를 채워 주기도 하셨는가? 당신의 재정에서, 후하게 나누는 정신은 어떤 역할을 했는가?

3. 당신은 왜 엘리사가 과부에게 기적을 경험하기 위해 두 아들과 함께 집 안으로 들어가 문을 닫으라고 말했다고 생각하는가? 당신이 그곳에 있었다면, 그 기적은 하나님의 신실하심의 증거로서 공개적으로 일어나는 것이 더 낫다고 생각했겠는가? 사람들이 하나님의 기적과 능력이 공개적으로 드러나는 것을 너무 중시한다고 보는가? 이 두 방법 중 어느 것이, 기꺼이 당신을 통해 하나님이 기적을 행하시도록 개인적으로 격려해 주겠는가?

> 더 알아보기

# 하나님을 경외함과 기적적인 일들

선하건 악하건 간에 나라의 통치자들은 하나님을 두려워한다. 그러나 그들의 두려움은 거룩한 두려움이 아니라, 하나님이 전능하신 분이며 그분만이 세계적인 지도자들을 성하게 하고 망하게 하실 수 있다는 자각에서 나온 깊은 염려다.

그러나 그와는 다른 거룩한 두려움이 존재하며, 성경은 그것을 여호와를 경외함이라 부른다. 젊은 과부는 엘리사에게 자기와 자기 남편이 하나님을 경외한다고 말했다. 하나님을 경외함은 기적이 일어날 수 있는 기반이 된다. 사도들의 행적인 사도행전은 초대교회가 하나님을 두려워함으로 가득 차 있었음을 알려 준다. "사람마다 두려워하는데 사도들로 말미암아 기사와 표적이 많이 나타나니"(행 2:43). 동일한 헬라어 단어는 경외함, 또는 두려워함으로 모두 번역할 수 있다. 하나님을 경외하는 것은 초대교회에서 큰 기적과 표적과 기사를 일으켰다. 오늘날에도 이는 동일하게 역사할 것이다.

시편 기자는 하나님의 말씀 자체가 여호와를 경외하는 것이라고 말한다(시 19:9). 하나님을 경외함이란 겸손하고 통회하는 심령으로 하나님의 말씀 앞에 서서, 그 말씀 앞에 떤다는 뜻이다(사 66:2). 우리가 하나님이 사랑하시는 것만을 사랑하고 그분이 싫어하시는 모든 것을 싫어하기로 결심한 마음을 가지고, 하나님의 말씀이 우리를 깨뜨리고 우리를 모든 죄에서 돌이켜 하나님을 향하게 인도하시도록 맡겨 드릴 때, 우리는 하나님을 경외함을 알게 될 것이다. 잠언 2장 1-5절은 그 길을 우리에게 보여 준다.

"내 아들아 네가 만일 나의 말을 받으며
 나의 계명을 네게 간직하며
 네 귀를 지혜에 기울이며 네 마음을 명철에 두며
 지식을 불러 구하며 명철을 얻으려고 소리를 높이며
 은을 구하는 것같이 그것을 구하며
 감추어진 보배를 찾는 것같이 그것을 찾으면
 여호와 경외하기를 깨달으며
 하나님을 알게 되리니."

지혜롭게도 시편 기자는 하나님을 찬양함과 하나님을 경외함을 연결한다. 우리는 하나님을 경외하고 악한 길에서 돌이켜야만 자유롭게, 또 온전하게 하나님을 찬양할 수 있기 때문이다. 하나님을 경외하는 것과 하나님을 찬양하는 것, 이 둘은 크리스천의 삶에서 우리를 큰 축복으로 이끌어 준다. 시편 기자는 심지어 "여호와의 천사가 주를 경외하는 자를 둘러 진 치고 그들을 건지시는도다"(시 34:7)라고 말했다.

제 1 2 장

# 반항하는 믿음

Faith That Rebels

✝

열왕기하 4:8-37, 8:1-6

우리는 이제 엘리사의 사역에서 일어났던 또 하나의 큰 기적을 보게 된다. 다만 이번에는 반드시 필요한 큰 믿음이, 엘리사뿐 아니라 그가 돕고 있던 여인으로부터도 왔다. 그 여인은 처음에는 아주 작은 믿음으로 출발했으나, 결국 사탄의 악한 계획에 맞서 반항하는 믿음을 보여 주었다. 이는 하나님의 기적을 위해 한 사람의 믿음이 준비되고 성장하는 과정을 보여 주는 이야기다. D. S. 케언즈(D. S. Cairns)는 하나님의 기적은 우리에게 "하나님이 어느 누구의 깨달음보다도 더 가깝고, 더 생생하고, 더 위대하며, 더 사랑이 충만하고, 더 기꺼이 우리 한 사람 한 사람을 도우시는 분"이라는 점을 가르친다고 말한다. 그에 의하면 "이는 기적 아래 깔려 있는 메시지다."[15]

수넴의 한 신실한 여인이 엘리사에게 큰 친절을 베풀었다. 그 여인은 자기 집 앞을 자주 지나가던 엘리사를 보고는 그가 여행길에서 쉴 수 있도록 자기 집을 열어 주었다. 여인과 그의 남편은 자기들 집 옥상 위에 작은 방을 만들었다. 그리고 엘리사는 여인의 남편이 비록 늙었지만 그녀가 아들을 가지게 되리라 예언했고, 그 예언은 이루어졌다. 그러나 아이는 어느 정도 자란 후 갑자기 죽었고, 하나님은 엘리사를 사용해 그 아이를 다시 살리셨다.

**선지자의 방**

당시 그들이 '선지자의 방'이라 부르던 방에는, 사는 데 필요한 최소한의 가구인 침상과 책상, 의자와 촛대가 있었다. 이는 엘리야와 엘리사의 생활방식의 특징, 즉 하나님의 일을 더 잘 수행하게 했던 단순한 생활방식을 보여 준다.

이 방은 엘리사의 기도와 안식의 장소, 그리고 기적이 일어나는 장소가 되었다. 엘리사의 필요를 감지한 수넴 여인은 손님 대접의 은사를 실천에 옮겼다. 나중에 마리아와 마르다의 손님 대접의 은사가 결국 나사로를 죽음 가운데서 일으키는 기적을 가져왔던 것처럼, 여인은 자신이 엘리사에게 준 선물이 기적을 일으키리라고는 미처 상상도 못했다. "선지자의 이름으로 선지자를 영접하는 자는 선지자의 상을 받을 것이요 의인의 이름으로 의인을 영접하는 자는 의인의 상을 받을 것이요"(마 10:41). 어쩌면 이것이 바로 신약에서 손님 대접의 은사의 중요성이 강조되는 이유일지도 모르겠다. 바울이 로마의 크리스천들에게 권고한 마지막 말 중 하나는 "성도들의 쓸 것을 공급하며 손 대접하기를 힘쓰라"(롬 12:13)였다. 손 대접이란, 모든 사람을 볼 때 그 사람이 마치 예수님인 것처럼 생각하고 그를 사랑으로 섬긴다는 뜻이다.

오늘날 다른 사람들을 섬기는 많은 크리스천처럼, 엘리사는 남들이 자신에게 해주는 것을 받기보다는 자신이 남들을 위해 무언가를 해주는 데 더 익숙해 있었다. 그래서 그는 여인에게 보상해 주고 싶다는 제안을 했다. 엘리사는 사환 게하시를 통해 여인에게 이야기를 전달하는 것을 더 편하게 여겼던 듯하다. 엘리사는 왕에게 미치는 자신의 영향력을 사용하여 여인의 필요를 왕에게 이야기해 주겠다고 제안했다. 어쩌면 가족을 위해 여인에게 필요한 것이 있을지도 모를 일이었다. 그러나 여인은 거절했다. 여인은 아주 고상하게 대답했다. "나는 내 백성 중에 거주하나이다"(왕하 4:13). 이 말은 그 여인이 현재 자기의 상황에 완전히 만족하고 있으며, 더 큰 것을 원하는 야망이 전혀 없다는 뜻이었다. 엘리사는 여기서 다소 세상적인 태도를 보여 주고 있지만, 여인은 품위 있는 자세로 자신의 생활은 안정되어 있으며 자신은 매우 만족하고 있음을 알려 주었다. 수넴 여인은 무엇보다도 진정한 손님 대접의 정신을 보여 주었다. 여인은 그저 **선지자의 필요 때문에** 섬긴 것뿐이지, 나중에 그를 통해 받을 축복이나 이익을 위해 섬긴 것이 아니었다.

### 하나님의 말씀의 약속

엘리사는 게하시를 불러, 여인의 필요를 알아보게 했다. 게하시는 여인에게 아이가 없으며, 아이를 가질 수 있는 상황도 아니라고 보고했다. 그러자 엘리사는 여인에게 내년 이맘때쯤에 아들을 가지게 될 것이라 약속했다. 이는 여인의 집에 큰 축복을 가져올 아름다운 선물이 될 것이었다.

그런데 여인은 이에 대해 "내 주 하나님의 사람이여 당신의 계집종을 속이지 마옵소서"(왕하 4:16)라고 대답한다. 틀림없이 그 여인은 한때 아들을 낳는 꿈을 가졌을 것이다. 하지만 이제 여인은 그것이 불가능함을 알고 있었다. 그리고 그에 대해 더는 생각하지 않기로 결정했다. 여인은 엘리사가 자기를 조롱한다고 생각했을지도 모른다. 그가 예전에 느꼈던 실망감을 다시 떠올리게 하고, 치욕을 상기시킨다고 느꼈을지도 모른다. 그 당시 중동 지역에서 아이가 없는 것은 큰 수치이자 하나님의 질책으로 여겨졌다.

그럼에도, 그 예언은 여인의 마음을 어지럽혔다. 여인에게는 아들을 갖고 싶은 깊은 염원이 있었지만, 그것이 가능하다고 믿을 수가 없었다. 그래서 슬픈 마음으로 갈망을 억눌렀고, 만족하라고 자신을 다그쳤다. 엘리사가 예언의 말을 들려주었을 때, 여인은 처음에 그 말을 거부했다. 또다시 실망하게 되면 견딜 수 없을 것 같았기 때문이다. 그럼에도 엘리사의 말은 여인의 '실망한 만족감'을 어지럽혔다. 여인은 이해할 수 없었다. 이제 여인은 아들을 구하지도 않았고, 사실 구하려는 생각도 결코 하지 않았을 것이다. 그러나 하나님의 말씀이 여인을 **덮쳤다**. 말씀은 여인을 혼란케 하는 동시에 새로운 기대감을 조성하며 여인의 믿음을 일으켰다. 하나님에게서 온 이 말씀은, 수넴 여인이 새로운 가능성과 하나님의 풍성하심을 다시 꿈꾸게 만들었다.

믿음의 공동체를 세워 가는 데 있어 하나님의 말씀의 역할은 무엇인가? 이 이야기에서 우리는 믿음과 하나님의 말씀에 관해 다섯 가지 교훈을 발견하게 된다.

**첫째, 하나님의 말씀은 믿음이 생겨나게 한다.** "그러므로 믿음은 들음에서 나며 들음은 그리스도의 말씀으로 말미암았느니라"(롬 10:17). 여기서 들음이란 그저 누군가 성경말씀을 읽는 소리를 듣는다는 말이 아니다. 이는 하나님이 그분의 말씀을 통해 우리에게 직접 말씀하실 때 임하는, 말씀의 능력에 관한 것이다. 여인은 자신에게 아이가 없다는 슬픔과 체념 속에 있었지만, 엘리사를 통해 자신에게 임한 하나님의 말씀으로 말미암아 갑자기 살아났다! 겉으로는 터무니없어 보이는 이 하나님의 약속은 여인의 삶을 영원히 바꾸어 놓을 것이었다.

하나님의 말씀이 우리에게 올 때, 우리는 때로 그 말씀이 이루어지기가 너무 불가능해 보여 진지하게 받아들이기를 거부할지도 모른다. 그러나 하나님의 말씀은 **모든 불가능성에도 불구하고**, 우리가 변화될 수 있다고 약속한다. 하나님은 우리의 수치를 가져가실 수 있고, 열매 맺지 못하는 우리를 열매 맺게 바꾸실 수 있다.

위대한 선교사 아도니람 저드슨(Adoniram Judson)이 버마(현재의 미얀마)의 감옥에 갇혀 사슬에 묶여 있을 때, 다른 죄수들이 그를 조롱하며 "이제 네가 이방인들을 개종시킬 전망이 어떠하냐?"라고 물었다. 그러자 그는 "그 전망은 하나님의 약속만큼이나 밝다!"라고 대답했다. 하나님께는 불가능이란 없으며, 실패도 없다. 우리는 성경을 해석할 때 하나님이 우리 삶에서 행하기 원하시는 기적들을 최소로 줄여서는 안 된다.

하나님의 약속들은 우리가 그분의 말씀 안에 거할 때 올 것이다. '설교가 중의 설교가'라 불리던 찰스 스펄전(Charles Spurgeon)은 예수님이 하신 "모든 권세를 내게 주셨으니…내가 너희와 항상 함께 있으리라"(마 28:18, 20)는 말씀이 끝없는 가능성으로 이끄는 믿음을 창조해 낸다고 자주 말했다. 스펄전은 사람들에게 "내가 할 수 있는 것을 할게"라고 말해서는 안 된다고 했다. 그런 말은 누구나 할 수 있기 때문이다. 대신 우리는 "내가 하지 못하는 일을 할 거야. 나는 하나님을 신뢰하므로, 불가능한 일을 시도하겠어!"[16]라고 말해야 한다.

엘리사벳은 마리아에 대해 "주께서 하신 말씀이 반드시 이루어지리라고 믿은 그 여자에게 복이 있도다"(눅 1:45)라고 말했다. 수넴 여인은 믿음의 여정을 시작하고 있었다. 그렇지만 여인은 아직 한 가지 교훈을 더 배워야 했다.

**둘째, 믿음은 하나님의 약속을 파괴하려는 사탄의 계획에 맞서 싸운다.** 수넴 여인은 엘리사의 말대로 잉태하여 아들을 낳았다. 그런데 아이가 자라서 어느 날 아침 아버지와 함께 들에서 일하고 있었을 때 머리가 심하게 아프기 시작했다. 아이의 어머니는 낮까지 아이를 자기 무릎에 두었지만, 결국 아이는 죽었다.

그런데 어머니는 이상하게 반응했다. 아이를 잃은 여인이 자연스레 보일 수 있는 반응은 장사 지낼 준비를 하고 애도하며 "주께서 주셨으니 주께서 거두어 가신다"라고 말하는 것이었을 것이다. 그러나 여인은 죽은 아들을 선지자의 방에 데려가 엘리사의 침상 위에 뉘었다. 그러고는 문을 닫고 나갔다.

그 아이는 여인이 아이를 가지지 못했을 때 하나님이 여인에게 주신 선물이었다. 그 여인이 어떻게 알았는지 성경에 나와 있지는 않지만, 아마도 여인은 슬퍼하던 중에 하나님으로부터 아들을 다시 살려 주리라는 위로의 말씀을 받았던 듯하다. 여인은 남편에게 선지자를 보러 가겠다고 알렸다. 남편이 그 이유를 물었지만, 여인은 단지 "평안을 비나이다"라고 했다. 여인의 믿음은 더 담대해지고 있었다. 여인은 엘리사를 만나러 갈멜 산을 향해 떠났다.

수넴 여인이 오는 것을 본 엘리사는 사환에게 여인의 아들이 평안한지 물어보라고 했다. 여인의 대답은 "평안하다"였다. 그러나 사실 그 아들은 평안하지 않았다. 그는 죽었다. 그러나 **여인의 영혼은 아주 평안했다!** 여인은 나중에 사도 바울이 배운 것과 마찬가지로, 풍부하거나 부족하거나 병들었거나 건강하거나, 심지어 비극이 찾아오는 시간까지 포함해 우리가 처한 어떤 상황 가운데서도, 우리가 하나님의 사랑 안에서 안정되고 만족할 수 있다는 사실을 배웠던 것이다. 하나님은 여전히 모든 것을 다스리신다!

다음 찬송 가사가 이 점을 가장 아름답게 표현한다.

내 평생에 가는 길 순탄하여 늘 잔잔한 강 같든지
큰 풍파로 무섭고 어렵든지 나의 영혼은 늘 편하다
내 영혼 평안해 내 영혼 내 영혼 평안해

호레이쇼 G. 스패포드(Horatio G. Spafford) 작사<br>필립 P. 블리스(Philip P. Bliss) 작곡

여인의 만족은 가망 없는 상황을 체념으로 받아들인 만족이 아니었다. 오히려 여인은 하나님 안에 만족했기에, 담대함을 얻어 엘리사의 발을 붙잡고 **하나님이 자기에게 약속하신 모든 것을 받기까지 떠나지 않겠다고** 고집할 수 있었다. 여인의 믿음은 사탄의 악한 계획에 대적하여 맞서는 믿음이었다. 여인은 엘리야와 엘리사의 말을 그대로 사용해 "여호와께서 살아

계심과 당신의 영혼이 살아 계심을 두고 맹세하노니 내가 당신을 떠나지 아니하리이다"라고 말했다. 이는 "당신과 당신의 하나님이 이 문제를 해결하셔야 합니다"라는 뜻이었다.

**셋째, 믿음은 하나님이 그분의 약속을 이행하실 때까지 끈질기게 밀고 나간다.** 이 여인은 나중에 이사야가 말하는 "너희 여호와를 기억하시게 하는 자들아 너희는 쉬지 말며 또 여호와께서 예루살렘을 세워 세상에서 찬송을 받게 하시기까지 그로 쉬지 못하시게 하라"(사 62:6-7)는 말의 뜻을 잘 알았고, 또 실천하고 있었다. 여인의 믿음은 끈질겼으며, 일편단심이었다.

**넷째, 긍휼히 여기는 마음은 믿음의 필수 성분이다.** 긍휼히 여기는 마음이란, 다른 사람들의 고통 속으로 들어가서 그들의 고통을 우리 것처럼 느끼고, 치유와 생명을 주는 예수 그리스도의 십자가로 그들을 데려가는 것을 말한다. 로널드 월리스 교수님은 이 주제에 관한 그분의 강의를 열심히 듣고 있던 우리 반 학생들에게 이렇게 말한 적이 있다. "우리는 그리스도의 교회가 우리의 일뿐 아니라 우리의 눈물에 의해 세워졌다는 점을 배워야 한다." 수넴 여인을 향한 엘리사의 사역은, 엘리사가 여인의 아들을 위해 시간과 노력을 희생해서 이 아이의 죽음의 고통 속으로 기꺼이 들어갔을 때 비로소 완성되었다!

**다섯째, 말씀의 성취는 진심에서 우러난 중보와 희생에 달려 있다.** 엘리사는 이 가족을 위한 진심어린 중보와 희생의 사역을 통해 그들의 고통 속으로 들어갔다. 그는 자신의 품위를 모두 내려놓고, 이 가족과 함께 아파하면서 그들의 큰 슬픔에 동참해야 했다. 엘리사는 기도로 중보함으로써, 이 고통을 자신 혼자 짊어지지 않고 하나님께 드릴 수 있었다. 엘리사의 주님은 세상의 죄와 슬픔을 대신 져 주시는, 고난당하는 종이셨다.

우리는 하나님 나라가, 오늘 우리가 직면하는 모든 상황 속으로 뚫고 들어올 수 있다는 사실을 계속해서 믿으며, 이를 위해 우리 삶을 헌신해야 한다. 성경은 하나님이 영혼을 구원하실 뿐 아니라, 매일 우리의 삶에 변화를 가져오실 수 있다고 가르친다. 여인의 아들을 위한 엘리사의 기도는 예수 그리스도의 희생과 겟세마네 동산에서의 기도의 전조가 되었다.

진심어린 중보와 희생의 사역이 가져온 결과는 죽었던 아들의 부활이었다. 엘리사는 그저 그 여인에게 "네 아들을 데리고 가라"(왕하 4:36)고 했다. 그러나 이 가족의 이야기는 여기서 끝나지 않는다. 이 기적이 일어난 후 얼마 지나지 않아, 엘리사는 여인에게 하나님이 7년 동안 지속될 기근을 명하셨으니 가족을 데리고 다른 나라로 피해 있으라고 조언했다. 그런데 그 가족이 7년이 후에 돌아왔을 때, 누군가가 그들의 전토를 빼앗아 간 상태였다. 하지만 이스라엘 왕이 엘리사의 사환 게하시(이때는 분명 나병에서 고침을 받은 후였을 것이다)와 함께 과거 엘리사의 위대한 행적에 대해 이야기하던 바로 그때, 갑자기 이 여인이 들어왔다. 왕은 그 여인의 자산을 모두 반환시켜 주었을 뿐 아니라, 여인이 그 땅에 남아 있었더라면 거두었을 모든 소출까지도 다 돌려받게 해주었다(왕하 8:1-6).

물론 오늘날의 상황에서는 이와 같이 행복한 결말이 나지 않을지도 모른다. 세상을 떠난 사랑하는 이들이 부활하여 우리 곁으로 돌아오지 않고, 재정적인 면에서 우리가 받아야 마땅한 정의로운 결과를 얻지 못할지도 모른다. 하지만 비록 우리의 이야기가 이런 행복한 결말로 이어지지 않더라도, 우리는 사랑의 하나님이 우리 삶 속에서, 그리고 전 세계 가운데서 여전히 일하고 계심을 안다. 그리고 우리는 모든 것을 협력하여 선을 이루시며, 완전하신 뜻을 우리의 삶에서 이루어가시는 그 하나님을 신뢰한다.

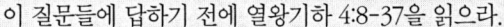

**더 깊은 생각과 토의를 위한 질문**

이 질문들에 답하기 전에 열왕기하 4:8-37을 읽으라.

1. 당신은 다른 사람들이 베푸는 손 대접과 후한 나눔을, 그들의 진정한 선물로 온전하고 자유롭게 받을 수 있는가? 아니면 그들이 당신을 섬겨 주었으므로, 어떻게든 그들에게 갚아 주어야 한다고 생각하는가? 만일 그렇다면, 당신은 남들을 후한 나눔으로 섬길 때 그들이 당신에게 '보상'해 주리라 기대하는가? 수넴 여인의 마음이 어땠을지, 당신이 이해하는 대로 설명해 보라.

2. 수넴 여인의 믿음이 어떻게 성장해 가는지를 복습해 보라. 이 여인이 남편에게 자기 집 위에 '선지자의 방'을 꾸며 달라고 간곡히 부탁했을 때는, 아마도 자신과 자신의 남편이 엘리사를 도움으로 자신들의 믿음도 성장하길 바라는 마음에서 그렇게 했을 것이다. 그런데 아들이 죽었을 때조차 "평안하다"고 고백하고, 아들이 다시 살아날 것이라 기대할 정도까지 그 여인의 믿음이 성장하게 된 요인은 무엇이었는가? 당신의 삶에서 하나님은 어떤 방법을 사용하여 당신의 믿음을 성장시켜 주셨는가?

3. 엘리사는 긍휼(compassion)의 사람이었다. 이 compassion이라는 단어는 '함께'라는 뜻의 라틴어 접두사 com과 '고통'을 뜻하는 라틴어 passion에서 나온 단어다. 엘리사는 자기 백성의 고통을 기꺼이 함께 나눌 준비가 되어 있었다. 당신은 로널드 월리스 교수님이 "우리는 그리스도의 교회가 우리의 일뿐 아니라 우리의 눈물에 의해 세워졌다는 점을 배워야 한다"라고 말씀하신 의도를 알 수 있는가? 그분의 말씀에 동의하는가? 긍휼히 여기는 마음은 당신 삶의 특징이 되는가?

**더 알아보기**

# 반항하는 믿음

D. S. 케언즈는 《반항하는 믿음》(*The Faith That Rebels*)이라는 그의 주목할 만한 저서에서, 기적을 받아들이는 자들과 기적을 거부하는 자들 사이의 지적 싸움에 관해 이야기한다.[17] 그는 공관복음서의 연구를 통해, 예수님의 가르침 중에는 '현재 크리스천의 생각과 실행에서 표현되는 것보다 믿음의 능력과 기도의 사정거리에 대한 가르침이' 더욱 많았다는 것을 깨달았다고 말한다. 그는 예수님의 가르침에는 현재 우리의 신학적, 종교적 가르침에서 적절하게 표현되지 않고 있는 무언가가 있다고 말한다. 거의 100년 전에 쓰인 글이지만, 이는 오늘날에도 여전히 진실한 외침이다.

케언즈는 하나님을 신뢰하는 믿음을 가지라는 예수님의 계속적인 부르심은 사실, "내가 하나님 나라 및 그분의 모든 복을 네 손이 닿는 곳에 가져왔다. 너는 믿음으로 그것을 취하면 된다"[18]라고 말씀하시는 것이라고 한다. 예수님이 믿음을 가지라고 부르시는 것은 아직도 절대적이다. 자연 세계는 하나님에 비하면 아무런 힘이 없다. 오직 하나님만이 모든 피조물의 주인이시다.

여기에 악이라는 문제가 남아 있다. 계속해서 케언즈는, 종교개혁을 일으킨 개신교 교회들이 왜 그렇게 늦게 세계 복음화를 시도했는지 질문한다. 그리고 그것은 개신교도들이 '이교'(heathenism)를, 하나님 나라를 막고 있는 움직일 수 없는 커다란 산으로 받아들였기 때문이라고 대답한다. 케언즈의 주된 논지는 크리스천들이 하나님의 능력과 사랑, 그리고 믿음의 가능성에 한계를 그어서는 안 된다는 것이다. 우리는 사탄의 공격에 맞서 방어할 수 없다는 생각을 크리스천들의 머릿속에 주입시키려는 악의 세력에 대적하여 '반항'해야 한다. J. B. 필립스(J. B. Phillips)는 우리 그리스도인들이 하나님에 대해 너무 작은 개념을 가지고 있다고 쓴 적이 있다.

우리는 하나님 나라를 망쳐 놓으려는 사탄의 악한 계획들에 반항하는 법을 배워야 한다. 사탄은 거짓말쟁이다. 또한 성경의 가르침에 무지한 크리스천들이 세상의 관점을 진리로 받아들이도록 꼬드긴다. 그러나 우리가 경배하는 하나님은 완전한 사랑이자 전능하신 분이며, 우리 기도를 듣고 응답하시는 분이다.

제 1 3 장

# 너희 수고가 헛되지 않다
*Your Labor Is Not In Vain*

†

열왕기하 4:38-44, 6:1-7

우리는 하나님의 위대한 행사들이 우리 세대에 회복되기를 갈망하고 기도한다. 그러나 우리가 때로 그 회복의 역사에 기여하지 못하는 것 같다. 우리는 자신이 완전하지 않음을 발견한다. 우리에게는 결점이 있고, 종종 스스로 부족하다고 느끼며, 실수도 하고 사고를 당하기도 한다. 그러나 하나님은 그런 불행한 일들 가운데서도, 사랑으로 가득하며 온전한 그분의 뜻을 계속 행하신다. 이번 장에서는 거의 마술과도 같은, 엘리사가 행한 세 가지 기적을 연구해 볼 것이다. 어떤 학자들은 이 기적들이, 유명했던 두 선지자의 주변 사람들이 훗날 만들어 낸 전설로 간주하여 제쳐 두기도 한다. 하지만 이 기적들은 모두 실제 일어났던 사실이다. 또한 이 기적들은 우리가 하나님을 섬길 때 그분이 우리의 모든 결점을 덮어 주실 수 있다는 진리를 보여 주는 아름다운 증거들이다.

한번은 로널드 월리스 교수님이 이렇게 말씀하셨다. "우리의 수고가 헛되어 보일지 모른다. 실수나 결점이나 사고 때문에 모두 망쳐 버린 것 같아 보일지도 모른다. 그러나 그것들은 결코 헛되지 않다. 하나님이 그 모든 것을 다스리고 계시다."[19] 심지어 이사야 선지자가 예수 그리스도에 관한 예언에서 소개하는 '고난당하는 종'조차도, 과연 모든 수고가 헛된 것이 아닌지 의아해하던 때가 있었다. "내가 헛되이 수고하였으며 무익하게 공연히 내 힘을 다하였다 하였도다 참으로 나에 대한 판단이 여호와께 있고 나의 보응이 나의 하나님께 있느니라"(사 49:4). 물론 예수님은 자신의 일이 헛되지 않음을 아셨지만, 이렇게 말씀하심으로써 고난당하는 하나님의 종들, 즉 도처에서 자기가 하는 모든 일이 헛되다고 느끼는 자들과 자신을 동일시하셨다.

기적은 하나님이 자신의 진리를 가리키는 표적으로서 주시는 것이다. 바울은 예수 그리스도의 부활의 능력 안에서 섬기는 사람의 사역을 다음과 같이 묘사하는 다음 구절에서, 엘리사의 세 가지 기적의 기본 진리를 가장 잘 표현하고 있다.

"그러므로 내 사랑하는 형제들아 견실하며 흔들리지 말고 항상 주의 일에 더욱 힘쓰는 자들이 되라 이는 너희 수고가 주 안에서 헛되지 않은 줄 앎이라"(고전 15:58). 바울이 이 말을 했을 때는 예수 그리스도의 부활의 능력에 관해 강력한 설교를 한 직후였다. 우리가 **실수를** 할 때조차도, 모든 일에 의미를 부여하는 것은 그리스도의 부활이다. 나중에 바울은 "우리가 선을 행하되 낙심하지 말지니 포기하지 아니하면 때가 이르매 거두리라"(갈 6:9)고 덧붙였다.

### 그리스도와 우리의 실수

땅에 기근이 왔다. 엘리사는 '선지자의 제자들' 중 하나에게 풀을 뜯어 국을 끓이라고 말했다. 그러나 열심히 하나님을 섬기고 싶었던 그 젊은이는 실수를 저지르고 말았다. 그는 열정이 넘쳤지만, 어느 식물이 식용 식물인지는 알지 못했다. 그는 들호박처럼 보이는 식물을 발견했다. 어쩌면 그는 좋은 식용 들호박을 흔히 구할 수 있는 지역에서 온 사람이었는지도 모른다. 딱하게도 그가 따 와서 국 솥에 넣은 들호박에는 독이 있었다. 그는 비극적인 실수를 저지르고 말았다. 하지만 엘리사가 어떤 가루를 솥에 던져 넣자, 국의 독이 사라졌다.

엘리사는 하나님의 능력으로 국에서 독을 없앨 수 있었다. 그럼으로써 엘리사는 지나치게 열심인 이 젊은 선지자의 실수를 덮을 수 있었다. 엘리사는 놀라운 기적들을 체험해 온 능력 있는 선지자였지만, 또한 자기 백성을 돌보고 그들의 실수를 용납해 준 지도자였다. 이 점에 있어서 엘리사는, 무조건적인 사랑과 무제한적인 능력으로 제자들의 실수를 덮어 주신 그리스도, 그리고 오늘날 우리가 실패할 때에도 우리를 계속 사용하시는 그리스도의 전조가 되었다.

사마리아의 어떤 마을 주민들이 예수님을 환영하지 않은 적이 있었다. 사역 초기에 엘리사가 어리석게 행했듯이, 예수님의 제자들도 예수님께 하늘로부터 불을 내려서 그들을 소멸시켜 달라고 구했다. 그러나 예수님은 사탄에게서 온 악한 영이 그들의 생각을 지배하고 있다고 말씀하셨다.

또 다른 사건이 있다. 겟세마네 동산에서 베드로가 칼로 한 군사의 귀를 베었던 일이다. 예수님은 그런 베드로를 꾸짖으시며 군사의 귀를 다시 붙여 주셨다. 예수님은 긍휼이 없는 능력이 얼마나 위험한지 잘 아셨다. 그 방향이 잘못된 열정은, 우리가 섬기는 사람들에게 유익보다 큰 해악을 가져온다.

하나님은 자신의 백성이 실수를 범하는 것을 허용하신다. 그런데 불행하게도 스스로 의롭다 여기는 많은 지도자가, 자신 역시 전혀 완벽하지 않으면서, 공동체에서 실수를 범하는 어느 누구도 용납하지 않으려 한다. 우리는 완벽한 공동체를 세우려고 애쓰지만, '완벽한 공동체란 결코 존재하지 않기 때문에 결코 찾을 수도 없다'라는 진리를 말한 디트리히 본회퍼(Dietrich Bonhoeffer)의 말을 깨닫지 못하고 있다.

누가 실수를 저질러 보지 않았겠는가? 우리는 마음을 열고 사랑으로 대화하지 못하고, 날마다 말로 실수를 범한다. 엘리사는 제자들의 실수를 덮어 주었다. 그리고 예수님도 오늘 그분의 제자인 우리를 인도하시며, 우리의 실수를 덮어 주신다.

### 그리스도와 우리의 부족함

계속되는 기근 중에, 다른 지역의 농부가 첫 수확 열매로 만든 양식을 선지자 공동체에 선물로 가져왔다. 그 농부 역시 고생하고 있었으므로, 그 선물은 농부에게 있어 큰 희생이었을 것이다. 그는 보리떡 스무 개와 신선한 옥수수를 좀 가져왔다. 그 음식을 보았을 때 젊은 선지자들이 얼마나 신이 났을지 상상해 보라.

그런데 엘리사의 사환 게하시의 반응은 정반대였다. 그는 빈정거리며 "뭐? 이 적은 음식으로 백 명을 먹이란 말이야?"

라는 태도를 보였다. 게하시는 우리가 엘리사 선지자에 대해 계속 공부해 나가는 동안 주의 깊게 지켜보아야 할 사람이다. 게하시는 이스라엘의 위대한 선지자 중 하나와 함께 사역하는 특권을 가졌음에도, 그 마음이 이기적이고 탐욕스러웠다.

그러나 엘리사는 하나님의 말씀을 선포했다. "여호와의 말씀이 그들이 먹고 남으리라 하셨느니라." 그리고 기적은 일어났다. 백 명의 학생 전체가 다 먹고도 음식이 남았다.

이 기적이 일어날 수 있었던 것은 네 가지 요소 덕이었다. 첫째는 가진 모든 것을 드린 농부의 신실함이다. 둘째는 하나님의 말씀이다. 그리고 셋째는 그 말씀을 전적으로 신뢰한 엘리사의 믿음이다. 그리고 마지막은 **어리석어 보이는데도** 기꺼이 그 말씀에 근거하여 행동한 엘리사의 자세다. 오늘날에도 이와 동일한 요소들이 기적을 가능케 한다.

수년 전에 한 스위스 요리사가 한국에 와서 우리 사역에 동참한 적이 있다. 그해 여름에 우리는 수많은 크리스천 팀과 부산의 해운대 바닷가에 가서, 매일 수많은 사람들에게 복음을 증거했다. 이때 기적이 일어났다. 그 스위스 요리사가 **닭 한 마리를 가지고** 2백 명이 넘는 배고픈 제자들에게 맛있는 치킨 스프를 먹였던 것이다. 이 기적을 경험한 이들은 이날을 절대로 잊지 못할 것이다. "할 마음만 있으면 있는 대로 받으실 터

이요 없는 것은 받지 아니하시리라"(고후 8:12).

농부가 드린 떡과 옥수수는 모든 사람을 먹이기에 부족했다. 스위스 요리사의 닭 한 마리 역시 불충분했다. 그러나 우리의 노력 역시, 애처롭게도 모두 불충분하지 않은가? 그런데 그런 부족함 때문에 우리 능력이 실패하고 말 그 순간에, 예수 그리스도는 우리를 실패에서 건져 주시고 우리가 창피를 당하지 않게 하신다. 예수님이 요구하시는 것은 단지 행동으로 옮기는 믿음뿐이다.

우리는 그리스도를 아는 지식의 향기다. 우리는 삶을 통해 세상에 그리스도의 향기를 퍼뜨려야 한다. 그러나 사도 바울은 "누가 이 일을 감당하리요?"(고후 2:16, 원문 영어성경을 직역하면 "누가 이 일에 충분한가?"라고 할 수 있다-역주)라고 묻는다. 그리고 자신의 질문에 이렇게 답한다. "우리가 무슨 일이든지 우리에게서 난 것같이 스스로 만족할 것이 아니니 우리의 만족은 오직 하나님으로부터 나느니라"(고후 3:5, 원문 영어성경을 직역하면 "우리가 무슨 일이든지 우리에게서 났다고 할 만큼 스스로 충분하지 않으니 우리의 충분함은 하나님으로부터 나느니라"고 할 수 있다-역주).

때로는 우리의 물질적 부족함의 문제를 다루는 것이 영적 부족함의 문제를 다루는 것보다 쉽다. 어느 누가 예수 그리스도를 위해 화해의 대사가 되기에 충분한가? 어느 누가 하나님을 거역하고 반항하는 나라에 변화를 가져오기에 충분한가? 그 답은 '우리도 예수님의 제자들이 자신들의 문제를 다룬 것과 동일한 방식으로 우리의 문제를 다루어야 한다'는 것이다. 우리는 우리의 무력함과 무능함을 고백해야 한다. 우리는 우리에게 성령으로 세례를 주시겠다는 예수님의 제안에 응해야 한다. 우리는 제자들에게 "너희는 위로부터 능력으로 입혀질 때까지 이 성에 머물라"(눅 24:49)고 말씀하신 예수님께 순종해야 한다. "너희가 악할지라도 좋은 것을 자식에게 줄 줄 알거든 하물며 너희 하늘 아버지께서 구하는 자에게 성령을 주시지 않겠느냐"(눅 11:13).

### 그리스도와 사고

실수는 바로잡을 수 있고 부족함은 채울 수 있다. 하지만 하나님 나라를 위한 우리의 모든 일이 무산되도록 우리를 위협하는 사고가 발생한다면 어떻게 되는가?

공간이 협소해 답답해했던 엘리사의 젊은 선지자들은 더 큰 처소를 짓고 싶어 했다. 엘리사도 이에 동의하자, 그들은 재목을 모아 요단 강 기슭에 자리를 골랐다. 그런데 비극이 일어났다. 한 젊은이가 이웃에게 아주 비싼 도끼를 빌려왔는데, 나무를 베어 넘기다가 그만 도끼가 물에 빠져 버린 것이다. 이때 엘리사는 나뭇가지를 베어 물에 던졌고, 그러자 도끼가 수면에 떠올라 손쉽게 물에서 건져 낼 수 있었다. 크리스천이 하는 일에는 사고나 이런저런 훼방거리들이 자주 일어난다. 우리는 '여호와의 지으신 성전'이며, 사탄은 모든 면에서 우리를 방해하고 싶어 한다. 병이나 핍박이나 사고 및 다른 사건 등 하나님이 일을 막고 우리를 협박하는, 우리가 통제할 수 없는 일들이 도처에서 일어난다. 하나님을 섬기려 하는 사람들이 있는 곳이라면 어디서나 위기가 발생한다.

**하나님의 통제를 벗어난 일은 아무것도 없다**

그러나 엘리사가 전하는 메시지는, 하나님을 위해 행하는 우리의 일들을 막으려 협박하는 모든 것을 하나님이 극복하실 수 있다는 사실이다. 하나님은 어떤 사건이나 핍박도 그분 나라의 일을 멈추도록 허용하지 않으신다. 데살로니가 교인들에게 보내는 편지에서 바울은 자신이 더 일찍 그들을 방문하려 했으나 사탄이 막았다고 썼다. 그는 또한 '육체의 가시'에 대해 이야기하며 그것을 그의 일을 방해하는 '사탄의 사자'라고 불렀다. 그러나 그렇다고 바울의 사역이 중단된 것이 아니었다. 한 젊은 선교사는 탄자니아에서 사고로 한쪽 팔을 잃었고, 이는 심한 통증과 괴로움, 그리고 실망감까지 가져왔다. 그러나 그 사고도 그녀의 일을 중단시키지 못했다. 오늘 그 선교사는 열방을 변화시키는 효과적인 중보사역을 이끌고 있다. 하나님의 통제를 벗어나는 일은 **아무것도 없다!**

요셉은 가족의 죄와 거절로 13년 동안이나 고생했다. 그러나 나중에 형들이 애굽을 찾아오자, "그런즉 나를 이리로 보낸 이는 당신들이 아니요 하나님이시라 하나님이 나를 바로에게 아버지로 삼으시고 그 온 집의 주로 삼으시며 애굽 온 땅의 통치자로 삼으셨나이다"(창 45:8)라고 고백했다.

우리의 삶 가운데, 하나님 나라의 일을 중단시키려 위협했던 사고들을 떠올려 보자. 그런 사고들이 일어났음에도 하나님 나라는 계속 전진해 갔다. 우리는 **하나님의 계획을 무효로 만들려는 사탄의 계략 위에 하나님이 지혜로 그분의 선한 계획을 덮어씌우시는 것을** 체험했다. 하나님은 국에서 독을 제거하셨다.

로널드 윌리스 교수님이 종종 말했듯이, "하나님은 독을 달콤함으로 바꾸실 수 있다. 그분은 우리의 작고 불충분한 제물을 풍성한 양식으로 증대시키실 수 있다. 그분은 도끼가 물 위에 뜨게 하실 수 있다."[20]

**더 깊은 생각과
토의를 위한 질문**

이 질문들에 답하기 전에 열왕기하 4:38-44와 6:1-7을 읽으라.

1. 당신은 당신의 부족함을 어떻게 다루는가? 당신은 그 부족함을 인정하는 가운데, 하나님이 당신을 통해 더 크게 일하실 발판으로 그 부족함을 사용할 수 있는가? 아니면 하나님이 당신을 사용하시기 전에 당신이 어떻게든 '좀 더 충분해져야' 한다고 생각하는가? 우리의 부족함에 대한 하나님의 해결책에 대해 생각하면서, 고린도후서를 다시 읽어 보라.

2. 당신은 당신 자신의 실수를 용납하는가? 우리의 실수를 인정하지 않으려는 방어적인 태도, 그리고 너무 많은 실수를 저지르기 때문에 그저 포기하고 싶어 하는 태도 사이에서 어떻게 하면 올바른 균형을 이룰 수 있는가? 당신이 하나님과 다른 사람들을 섬기면서 저지르는 실수들에 대해 하나님이 어떻게 생각하시는지 여쭈어 보라.

3. 당신이 속해 있는 공동체를 돌아볼 때, 당신은 다른 사람들의 실수를 용납하는가, 아니면 다른 사람들이 실수할 때 판단하는가? 공동체 안에서 실수를 다루기에 적절한 성경적 방식은 무엇인가?

더 알아보기

# 깨어짐에서 공동체로

《깨어짐에서 공동체로》(*From Brokenness to Community*)는 장 바니에(Jean Vanier)가 자신이 하버드 대학에서 강의한 내용을 기초로 쓴 소책자의 제목이다. 그는 크리스천 공동체에 생명을 가져다주는 깨어진 사람들에 관해 이야기하며 이렇게 표현한다. "내 경험에 의하면, 이 고민과 깨어짐과 절망의 세상에 살고 있는 사람들을 따뜻하게 맞아 줄 때, 그리고 그들이 자신의 모습 그대로 사랑받으며 자신이 이 세상에 설 자리가 있는 필요한 존재라는 사실을 점차 발견해 갈 때, 우리는 참된 변화를 목격하게 된다. 나는 이것을 감히 **부활**이라고까지 말하겠다."[21]

바니에는 라르슈(L'Arche) 공동체의 설립자다. 라르슈는 정신 장애나 정신병을 가진 상처 입은 사람들 및 그들과 함께 살라는 부르심을 받은 자들을 위한 크리스천 공동체다. 바니에의 가르침은 정신 장애가 없는 자들의 약함과 실수와 부족함까지도 다룬다.

그는 우리 모두 상처를 입었다고 가르친다. 우리는 모두 부족하며 실수를 저지른다. 그러나 우리는 모두 하나님께 사랑받는 사람들이다. 바니에는 예수님은 다른 사람이 아닌 **바로 우리가 만나는 그 깨어진 사람**, 자기가 부족하다고 느끼거나 실수를 저지르는 바로 그 사람임을 강조한다. 실수나 부족함이나 사고에도 불구하고 우리가 상대방을 기쁘게 받아들일 때, 사실상 우리는 그리스도를 우리 가운데 기쁘게 맞아들이는 것이다. 바니에는 우리는 혼자서는 결코 다른 사람을 치유할 수 없다고 말한다. 약하거나 깨어진 사람들을 사랑이 있는 공동체 안으로 데리고 들어와야 하며, 그곳에서야 비로소 치유가 일어날 수 있다.

바니에에 의하면, 이 때문에 진정한 그리스도인 공동체는 축복의 장소이면서도 아픔의 장소다. 왜 아픔의 장소인가? 우리 각자 안에 있는 갈등, 즉 세상의 가치관과 우리 공동체의 가치관 사이에 일어나는 갈등 때문이다. 자기 자신만을 챙기는 것과 다른 사람들을 돌보는 것 사이에서 갈등이 생긴다. 그러나 공동체란 서로 돌본다는 뜻이다. 또 다른 갈등은 독립적으로 사는 것과 다른 사람을 받아들이면서 우리의 삶을 그들과 나누는 것 사이에 일어나는 갈등이다.

공동체의 중심에는 용서가 있다. 용서는 우리가 예수 그리스도를 닮은 모습으로 자라가도록 성령님이 준비해 주신 자원들로 가득한 보물 상자를 열어 준다. 바니에는 이렇게 말한다. "우리는 자신이 작고 연약하다고 느낀다. 그러나 우리는 죽음을 생명으로 바꾸시는 하나님의 능력을 나타내기 위해 함께 모여 있다."[22] 그리고 나면 우리는 깨어진 세상에 온전함을 전해 줄 수 있는 능력을 입게 된다.

## 제 14 장

# 네 마음이 어디에 있느냐?

*Where Is Your Heart?*

✝

열왕기하 5:1-27

하나님은 단지 우리의 재능이나 지식뿐만이 아니라, 우리 마음에 관심이 있으시다. 신령과 진정으로 그분을 사랑하고 예배하며, 자신의 몸을 그분께 산 제사로 드림으로써 예배를 완성할 자들을 찾으신다. 하나님은 수년 전에 내게 다음 말씀을 주셨다. 그리고 어쩌면 지금 당신에게도 주시는지 모르겠다.

내 아들아, 네 마음을 나에게 주렴.
그리고 너의 눈은 나의 길을 기뻐하여라.
나는 너를 기다리느라 지치지 않으며,
나의 자비는 아침이슬처럼 매일 새롭단다.

내 아들아, 네 마음을 나에게 주렴.
그리고 너의 눈은 나의 길을 기뻐하여라.

모든 제자를 향한 주님의 핵심 질문은 "네 마음이 어디에 있느냐?"다. 우리는 사업계나 정치계 등의 세상 일로 바쁘면서도, 세상이 아닌 하나님 안에 마음을 둘 수 있다. 또는 지역 교회나 선교단체 일로 바쁘면서도, 세상 일에 마음을 쏟을 수 있으며, 그때 우리의 마음은 세상에 있게 된다. 예수님은 "네 보물 있는 그곳에는 네 마음도 있느니라"(마 6:21)고 하셨다.

이번 장에서는 네 사람의 마음을 살펴보겠다. **엘리사**는 그 마음이 이스라엘에 있는, 이스라엘 사람이었다. 그는 마음의 중심을 하나님께 두었으며, 삶으로 그 친밀한 관계의 열매를 드러냈다. 그러나 사환 **게하시**의 마음은 세상에 있었다. 그는 하나님이 아닌 세상의 것들을 갈망했다. 그는 결코 하나님 한 분만으로 만족하지 않았다. 아람 사람 **나아만**은 아람 왕의 군대 장관으로 세상에서 아주 바쁘게 살았다. 그러나 그의 마음은 이스라엘, 곧 여호와께 있었다. 마지막으로 **어린 노예 소녀**는 아람 군대에게 사로잡혀 와 나아만의 집에서 종으로 일하게 되었다. 그렇지만 소녀는 하나님을 사랑했고, 자신을 붙잡아 온 자들을 사랑했다. 소녀의 마음은 하나님 안에 있었다.

## 하나님의 사람 엘리사

앞서 우리는 엘리사의 마음을 살펴보았다. 그는 전심으로 여호와를 섬겼다. 그의 목표는 단 하나였는데, 자기가 하는 모든 일에서 하나님께 영광을 돌리는 것이었다. 그는 하나님의 말씀에 기초를 두고 그 말씀에 따라 살았다. 그는 지속적으로 '하나님과 대화'하는 삶을 살았다. 그는 여호와의 참된 종으로서, 언제나 자신을 내어 드릴 준비가 되어 있었다.

## 아람 군대 장관 나아만

당시 아람(Syria)은 세상에서 가장 중요한 나라 중 하나였다. 고도의 문명이 발달했으며, 부유하고, 아름다운 나라였다. 두 줄기의 큰 강 아바나와 바르발이 레바논 산속의 원천에서부터 흘러나와 다메섹 주위의 푸르게 우거진 시골에 아름다운 오아시스를 만들어 냈다. 다메섹은 '흰 진주'라 불렸다.

나아만은 아람 군대의 장관으로 나라에서 아주 존귀한 인물이었다. 그는 아람이 제공할 수 있는 최고의 생활을 누렸으며, 아무 때나 왕을 알현했고, 자신의 높은 지위를 즐겼다. 그는 매우 존경받는 용맹한 전사였다. 그러나 **그는 나병환자였다**.

나아만의 삶은 모든 것을 가졌으나 동시에 어쩔 도리 없이 더럽혀진, 세상 사람들의 참 모습을 비유한 것으로 보아도 좋다. 그의 병은 불치병이었다. 그는 자신이 나병에 걸렸다는 것을 발견한 후, 그동안 누리던 아람의 모든 부와 문화의 가치를 더는 느낄 수 없게 되었다. 나아만의 지위는 그에게 모든 것을 가져다주었지만, 그를 고쳐 주지는 못했던 것이다.

우리는 나아만이 받은 치유를 **전인적인** 치유로 이해해야 한다. 그는 몸뿐 아니라 영과 정신도 모두 치유받았다. 그는 '거듭났으며' 참되신 한 분 하나님을 믿게 되었다. 나아만의 조국은 그를 포기했지만, 하나님은 그를 포기하지 않으셨다. 하나님은 그의 육체의 나병을 고치셔서, 그를 완벽히 건강하게 회복시키셨다. 또한 그를 **영적인 나병**에서도 치유하셨다. 하나님은 그를 죄와 병과 사탄의 지배에서 건져 내셨다.

**어린 노예 소녀**

나아만은 '구하는 자'가 되었지만, 자신을 참 생명을 얻는 여정에 오르게 해줄 사람이 아내의 어린 몸종일 줄은 미처 생각하지 못했다. 하나님이 애굽의 구원을 위해 요셉을 애굽에 두셨던 것처럼, 아람의 핵심 지도자를 구원하기 위해 이 어린 유대 소녀를 아람에 두신 것이다. 하나님은 그분의 주권으로, 이 어린 소녀를 노예로 삼은 사탄의 악한 계획 위에 그분의 계획을 덮어씌우셔서, 나아만의 집에 그 소녀를 두어 하나님을 증거하게 하셨다.

기독교 선교 역사는 압박받는 상황에서도 자신의 믿음을 증거함으로써 결국 온 나라에 구원을 가져온 노예들, 특히 여자와 어린 노예들의 이야기로 가득하다. 가장 훌륭한 예가 바이킹이다. 포로로 잡혀가 그들 중에 살던 여자와 어린아이들의 살아 있는 간증 덕에 많은 바이킹이 복음을 받아들였던 것이다. 우리는 **크리스천의 존재**의 가치와 능력을 절대 과소평가 해서는 안 된다. 자신의 마음을 이스라엘에 둔 어린 노예 소녀는, 하나님을 정말 사랑한 나머지 자신의 비극적인 상황도 기쁘게 받아들이고, 도리어 그것을 하나님을 증거하는 기회로 삼았다. 소녀는 자기 주인을 긍휼히 여겼으며, 문제의 해결책에 관해 아람의 모든 현인과 의사들, 제사장들보다도 더 잘 알고 있었다. 우리는 또한 예루살렘 교회에 가해진 큰 핍박 때문에 흩어진 크리스천들이, 도리어 그런 상황을 기회로 삼아 이방인들에게 예수 그리스도의 복음을 증거했음을 안다 (행 8:1-4). 그들의 증언 덕에 안디옥 교회가 세워졌고, 이 교회는 신약에서 타문화 선교에 종사한 첫 번째 교회가 되었다.

### 나아만이 거쳐 간 치유의 단계

나아만의 치유에는 다섯 단계가 있다.

**첫째, 나아만은 아람의 현인들보다 작은 소녀 한 명의 지혜에 귀 기울일 만큼 자신을 낮추어야 했다.** 소녀의 충고는 단순했지만 설득력이 있었다. "우리 주인이 사마리아에 계신 선지자 앞에 계셨으면 좋겠나이다 그가 그 나병을 고치리이다"(왕하 5:3). 예수님이 "천지의 주재이신 아버지여 이것을 지혜롭고 슬기 있는 자들에게는 숨기시고 어린 아이들에게는 나타내심을 감사하나이다 옳소이다 이렇게 된 것이 아버지의 뜻이니이다"(마 11:25-26)라고 기도하셨을 때, 분명히 이 어린 소녀를 생각하셨을 것이다.

**둘째, 나아만은 자신의 부와 존귀함, 그리고 자기 문화의 우월성을 의지하는 마음을 내려놓아야 했다.** 그는 선물을 가득 싣고 자만으로 가득 차서 이스라엘로 갔다. 그는 자신이 치유를 받으면 그 대가를 지불하려 했다. 엘리사에게 대단한 인상을 심어 주고 싶었던 나아만은 아람 왕의 편지를 손에 들고서 멋진 말들이 끄는 가장 좋은 병거를 타고 갔다. 그는 자신이 도착하자마자 이스라엘의 가장 거룩하고 존경받는 선지자를 만날 수 있으리라 생각했다. 그러나 그것은 착각이었다. 화가 난 그는 "내 생각에는 그가 내게로 나와 서서 그의 하나님 여호와의 이름을 부르고 그의 손을 그 부위 위에 흔들어 나병을 고칠까 하였도다"(왕하 5:11)라고 말했다. 엘리사는 나아만을 보러 나오지도 않았다. 엘리사는 나아만 장군을 무시한 것이다.

왜 엘리사는 나아만을 만나러 서둘러 나가지 않았는가? 자신이 정확히 무엇을 해야 할지 알고자 하나님께 귀 기울이고 있었기 때문이다. 많은 사람이 열정적으로 하나님을 섬기려 애쓰면서도, 상황의 긴급성 때문에 충동적으로 반응해 버리곤 한다. 그러나 엘리사는 긴급함이라는 폭군에게 휘둘리지 않았다. 대신 그는 하나님께 순종하기 위해 그분의 음성에 계속 귀 기울였다. 지혜로운 지도자였던 엘리사는 자신이 무엇을 하고 있는지 잘 알았고, 나아만에게 무엇이 필요한지도 잘 알았다. 따라서 엘리사가 나아만을 맞으러 즉시 나가지 않은 또 하나의 이유는, 나아만의 마음이 치유를 위해 준비되도록 하나님께서 일하시게 하기 위함이었다.

**셋째, 나아만은 기꺼이 요단 강에 가서 몸을 일곱 번 씻어야 했다.** 그는 점점 더 수치스러워지는 경험을 통해 **겸손**을 배우고 있었다. 그는 엘리사의 명령에 대단히 기분이 상했다. 요단 강은 자기 고향의 웅장한 강들과는 달리 진흙투성이에다가 더러웠다. 그러나 그에게는 달리 선택의 여지가 없었다.

인도 갠지스 강에서는 12년마다 성대한 축제가 열린다. 2001년에는 6,500만 명 이상이 자신들의 죄를 씻고자 갠지스 강을 찾았다. 전설에 의하면, 아주 오래전에 두 신이 서로 싸우다가 갠지스 강으로 신주(神酒)를 네 방울 흘렸다고 한다. 이 때문에 갠지스 강물이 온 세상을 위한 치유의 물이 되었다는 것이다. 이는 세상이 인류의 구원을 위해 제공할 수 있는 모든 것을 상징적으로 보여 주는 이야기다.

하나님이 주시는 것은 생명을 주는 예수 그리스도의 피로서, 세상의 구원을 위해 그분의 상한 몸에서 흘러나오는 것이다. 나아만은 엘리사의 명령에 기분이 상했다. 오늘날도 이와 마찬가지로, 사람들은 죄를 용서받기 위해 어린양의 피로 씻음을 받으라는 단순한 명령에 기분이 상하곤 한다.

**넷째, 나아만은 자기 종들의 지혜에 의존해야 했다.** 나아만의 종들은 엘리사가 나아만에게 했던 놀라운 말을 상기시켜 주면서 그를 설득했다. 요단 강에서 씻기만 하면 나병에서 깨끗해질 것이다! 나아만은 결국 깊은 겸손의 자리에 도달했다. 그는 순종했다. "그의 살이 어린아이의 살같이 회복되어 깨끗하게 되었더라"(왕하 5:14).

**다섯째, 나아만은 아람으로 돌아가, 이교를 믿는 사회에서 하나님의 사람으로 살아야 했다.** 이로써 그의 치유는 완성될 것이었다. 나아만의 몸뿐 아니라 영 또한 구원을 얻고 치유를 받았다. 우리는 아람의 군대 장관 나아만을 만났으며, 그 후 나병환자 나아만을, 그다음에는 구하는 자 나아만을 만났다. 이제 우리는 믿는 자로서의 나아만을 만나게 된다.

나아만은 그 마음이 이스라엘에 있는 아람 사람이 되었다. 그는 세상 사람으로 남았지만 그의 마음은 하나님께 있었다. 그는 이제 돌아가 아람에서 이전과 동일한 직무를 수행해야 했지만, 결코 다시 거짓 신 림몬을 숭배하는 삶으로 돌아가지 않을 것이었다. 그의 마음은 이제 하나님께 속했으며, 그는 하나님만을 예배하고자 했다.

엘리사는 나아만이 주려는 예물을 거절했다. 그러자 나아만은 돌아가서 제단을 쌓아 하나님을 예배하고 희생 제사를 드릴 수 있도록 노새 두 마리에 실을 만큼의 흙을 달라고 부탁했다. 그는 아람 왕이 림몬 신을 경배하러 신당에 들어갈 때 자신이 왕을 모시고 들어가야 함을 용서해 달라고 부탁했다. 엘리사는 나아만의 마음을 알았고, 그것을 허락해 주었다.

### 엘리사의 사환 게하시

게하시는 자기 주인 엘리사가 나아만이 사역의 대가로 건낸 선물을 거절한 것을 자랑스러워 했어야 했다. 그러나 게하시는 엘리사가 지나치게 영적이라고, 심지어 어리석다고 생각했다. 이런 게하시의 계열은 가룟 유다까지 줄곧 이어졌고, 오늘날도 계속되고 있다.

게하시는 거룩한 직책을 맡고 있었다. 그러나 그의 마음은 세상의 부와 재물에 있었다. 그는 엘리사가 가르친 대로 하나님을 향해 달려가기보다, 돈과 옷을 얻고자 나아만의 수레를 쫓아 달려갔다. 이는 갑작스런 결정이 아니었다. 수년 동안 그의 마음은 하나님보다 세상에 더 있었다. 단지 그 마음이 이제 표면에 드러나기 시작했을 따름이었다.

그 후 게하시가 "들어가 그의 주인 앞에"(왕하 5:25) 섰을 때, 나아만에게 있던 나병이 그에게로 옮겨갔다! 세상 사람이던 나아만은 아람의 나병에서 건짐을 받았다. 그런데 '교회 사람'이던 게하시는 아람의 나병에 걸려 버렸다. 세상의 나병이 때로는 교회에 들러붙는 것이다.

하나님은 직업이 무엇인지, 혹은 어떤 오락거리를 찾는지로 백성을 판단하지 않으신다. 실수나 실패로 판단하지도 않으신다. 다만 그 마음이 어디에 있느냐를 보고 판단하신다. 하지만 그것이 나아만의 나병이건 게하시의 나병이건, 우리는 가서 씻어 깨끗함을 입을 강이 있음에 하나님께 감사드린다.

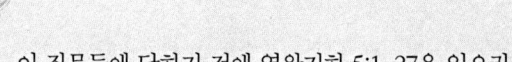
더 깊은 생각과
토의를 위한 질문

이 질문들에 답하기 전에 열왕기하 5:1-27을 읽으라.

1. 나아만이 거쳐 간 치유의 단계를 복습하라. 나아만의 치유의 단계들은 그가 구원에 이르는 단계들이기도 했다. 신약에서 '치유'와 '구원'이 동일한 단어로 표현되고 있음을 기억하라. 구원에 이르는 단계를 불신자에게 제시하기 위해, 이 관점을 어떻게 사용하면 좋을지 생각해 보라.

2. 나아만의 치유를 둘러싼 이 드라마에 나오는 주요 등장인물 네 명, 즉 엘리사, 나아만, 어린 노예 소녀, 그리고 게하시에 대해 다시 한 번 생각해 보라. 당신은 이 네 사람 중에 누구와 비슷하다고 생각하는가?

3. 앞서 '세상의 나병'이 때로 교회에 들러붙는다고 말했다. 당신의 교회뿐 아니라 전 세계의 모든 교회를 생각해 보라. 크리스천 지도자들이나 크리스천 공동체 또는 단체들 사이에서 이런 현상을 볼 수 있는가? 그렇다면 해결책은 무엇인가?

더 알아보기

# 마음의 형성

그리스도인의 사고 안에서 '마음'(heart)이란 단어는, 일반적으로 그와 함께 떠오르기 마련인 감정적이나 감상적인 느낌만을 말하는 것이 아니다. 마음은 감정을 포함하지만, 지적 생각과 추론도 포함한다. 마음은 또한 의지가 자리 잡고 있는 곳이다. 우리는 마음으로 계획을 하고 삶의 방향을 결정한다. 마음은 우리의 인격과 성격을 결정한다. 따라서 성경은 우리에게 마음을 지켜야 한다고 말한다.

사탄은 우리의 마음을 공격하여, 의심이나 두려움, 분노, 자기중심, 하나님을 거역함 및 공동체 안의 다른 사람들에 대한 분한 마음 등의 씨앗을 심으려 한다. 이는 마음이 우리를 하나님께로 이끌 수도 있지만 하나님의 임재에서 멀어지게 할 수도 있다는 뜻이다. 우리는 이번 장에서 네 사람의 마음을 살펴보았다. 그리고 이제는 우리 자신의 마음을 살펴보아야 한다.

영성에 관한 책을 쓴 많은 저자가 **마음속으로 내려가기**, 또는 **마음 안으로 들어가는 내면의 여행** 등에 관해 이야기한다. 이런 것들의 목적은 우리 자신이 누구인지 이해하고 우리 마음을 새롭게 하는 과정을 시작하기 위함이다. 그 첫째 단계는 성령님께 우리 마음을 살피셔서 우리 속에 무슨 악한 행위가 있는지 살펴 달라고 부탁하는 것이며, 우리를 영원한 길로 인도해 달라고 구하는 것이다(시 139:23-24). 우리는 우리가 왜 특정한 방식으로 생각하고 행동하는지, 우리가 왜 공동체 안의 사람들과의 관계에서 이기적으로 행동하는지를 인식할 수 있어야 한다.

마음의 영적 변화는 말씀과 기도 안에서 일어난다. 내가 신학교에 다니던 때 뵈었던 신실하신 교수님 한 분이 생각난다. 그분은 무릎을 꿇고 성경을 읽으면서, 그 말씀을 하나님이 우리에게 직접 하시는 말씀으로 받고, 그다음에는 우리 안에 그리스도의 형상을 이루기 위해 일하고 계시는 성령님께 믿음으로 응답해야 한다고 가르치셨다. 우리는 정보만을 얻기 위해 **성경을 이용**해서는 안 된다. 그 정보가 하나님에 관한 것이라 할지라도 말이다. 우리는 성경 안에서 하나님의 임재와 하나님의 뜻을 찾아야 한다. 그러면 "살아 있고 활력이 있어 좌우에 날선 어떤 검보다도 예리하여 혼과 영과 및 관절과 골수를 찔러 쪼개기까지 하며 또 마음의 생각과 뜻을 판단하"(히 4:12)는 하나님의 말씀이 우리를 철저히 변화시킬 것이다. 기도하는 마음으로 성경을 읽으며 묵상하는 가운데 성령님이 내면에 심어 주시는 말씀을 받아들였을 때 하나님을 만나서 삶이 완전히 변화된 성 아우구스티누스와 같은 성인들의 예도 많다. 하나님은 신실하시다. 우리가 전심을 다한 사랑으로 우리 마음을 그분께 내어 드릴 때, 그분은 우리의 마음을 변화시켜 주실 것이다.

제 15 장

# 구원의 날

*The Day of Salvation*

✝

열왕기하 6:24-7:20

이제 우리는 '왜 예수 그리스도의 교회가 존재하는가'라는 질문에 이른다. 예수님은 하나님 나라를 온 세상에 확장하기 위해 그분의 교회를 세우셨다. 교회가 존재하는 명백한 이유는, 열방에 복음을 전하여, 세상 모든 민족이 예수 그리스도의 제자가 되게 하라는 하나님의 명령에 그들이 믿음으로 응답하도록 하기 위함이다. "내가 곧 길이요 진리요 생명이니 나로 말미암지 않고는 아버지께로 올 자가 없느니라"(요 14:6). "불이 타오름으로써 존재하듯이, 교회는 선교함으로써 존재한다"[23] 라는 에밀 브루너(Emil Brunner)의 말은 교회의 사명을 누구보다 잘 묘사하고 있다.

하나님은 세상에 구원을 가져오는 그분의 위대한 목적을 달성하는 데 헌신된 자들이라면, 누구든지 사용하신다. 그리고 이스라엘의 국가적 위기 한가운데서, 그런 사람을 네 명 발견하셨다.

### 사마리아가 포위당하다

아람과 이스라엘 사이의 긴장은 계속 커져 갔다. 아람은 계속 사마리아 성을 포위했고, 사마리아의 기근은 너무나 심해졌다. 급기야 사람들은 식인 행위까지 저질렀다. 포위당한 탓에 이익을 거두게 된 세속적인 사람들의 조정 때문에 식량 값이 급격히 상승했다. 이런 현상은 오늘날 세계 전역에서 전쟁을 이용해 돈을 버는 사람들이나 기근으로 말미암아 이득을 보는 회사들과 다를 바 없었다. 어떤 정부들은 사실상 기근을 막을 수 있음에도 손을 놓고 그냥 둠으로써 권력을 유지한다.

식인 행위가 일어나고 있다는 보고를 들은 이스라엘 왕은 옷을 찢고 굵은 베를 입고서 자기 백성의 운명을 통탄해했다. 왕은 백성과 함께 괴로워했다. 그러나 자기 자신의 리더십이 아닌 엘리사에게 그 책임을 전가했다. 엘리사는 아람의 최고 사령관인 나아만을 고쳤지만, 이제 아람은 사마리아를 에워

싸고 있었다. 이스라엘 왕은 엘리사가 누구의 편인지 의심했다. 하지만 사실 엘리사는 하나님을 대표하는 사람이었다. 문제는 왕이 하나님께 화가 나 있었다는 점이다.

엘리사는 기근이 다음 날 끝나리라고 예언했다. 엘리사는 '하나님과 대화하는' 관계를 맺고 있었으며, 하나님의 음성을 듣는 사람이었다. 그러나 왕을 호위하던 장관은 엘리사의 예언을 듣고는 "여호와께서 하늘에 창을 내신들 어찌 이런 일이 있으리요"(왕하 7:2)라는 말을 내뱉었다. 이 장관은 하나님을 조롱했던 것이다! 그러자 엘리사는 한 가지 예언을 더 했다. 이 장관이 예언의 성취를 그의 눈으로 지켜보겠지만, 그 열매는 먹지 못하리라는 것이었다.

**나병환자 네 사람**

하나님은 약속을 지키셨다. 다음 날 하나님은 아람 군대로 하여금 어마어마한 군대가 공격해 오는 것 같은 큰 병거 소리와 말의 소리를 듣게 하셨다. 모든 아람 군대는 겁에 질려 소유물을 다 버려둔 채 도망쳤다.

그리고 하나님은 이렇게 가망 없고 절망스러워 보이는 상황 가운데 네 사람을 보내셨다. 그들은 사마리아 성문 어귀에 앉아 구걸하던 나병환자들이었다. 그들은 성문 어귀에 계속 앉아 있든지 성 안으로 들어가든지 결국 죽을 것이니, 아람 진영으로 가서 항복해 보기로 결정했다. 그들은 잃을 것이 하나도 없었던 것이다. 그런데 아람 진영에 들어간 그들은 전군이 진영을 버려두고 도망간 것을 발견했다. 또한 자신들이 상상조차 해보지 못한 엄청난 재물을 발견했다.

진실로 놀라운 일이 일어난 것이다! 여호와의 구원의 기쁨을 처음 누린 사람들은, 가난하고 버림받은 거지 네 명이었다. D. T. 나일즈(D. T. Niles)는 '한 거지가 다른 거지에게 어디서 밥을 얻을 수 있는지 알려 주는 것'이 복음전도라고 정의했다. 맞는 말이다. 하나님의 구원은 힘 있고 부유한 자들에게 먼저 나타나지 않는다. 예수님의 탄생을 처음 목격한 자들 역시 가난한 목자들이었다. 사역을 하실 때 예수님은 가난하고 버림받고 멸시당하던 자들에게 더 비중을 두셨고, 그들이 하나님 나라에 먼저 들어갈 것이라고 말씀하셨다. 바리새인들과 사두개인들, 서기관과 이스라엘의 유력한 자들은 예수님께 등을 돌렸다. 하지만 가난한 자들은 예수님을 환영했다.

처음에 네 명의 나병환자는 새로 발견한 모든 재물을 자기들끼리만 즐겼다. 하지만 이내 새로운 깨달음을 얻었고, 서로 이렇게 말했다. "우리가 이렇게 해서는 아니되겠도다 오늘은 아름다운 소식이 있는 날이거늘…이제 떠나 왕궁에 가서 알리자"(왕하 7:9). 한편으로 그들은 벌을 받을까 두려워서 그렇게 한 것이지만, 다른 한편으로 **그들은 좋은 소식을 지닌 자들이었다.** 그들은 매우 능력 있는 소식을 가지고 있었기에, 왕에게도 나아가 말할 수 있었다. 어쨌거나 그들은 왕보다 더 부유한 상태였던 것이다. 왕은 굶주리고 있었지만 그들은 부자였다. 인간적으로 아무런 희망도 없고 완전히 버림받았으며 모든 사람이 멸시하던 비참한 나병환자 네 명! 그렇지만 그들은 왕보다도 더 부유했다. 왜 그런가? 좋은 소식을 가지고 있었기 때문이다!

### 좋은 소식을 전달하는 자

좋은 소식을 전달하는 자! 왕들과 세계적인 지도자들까지도 듣기를 갈망하는 구원의 소식! **지금** 당장, 너무 늦기 전에 전 세계에 선포되어야 할 긴급한 소식! 우리는 침묵해서는 안 된다. "우리가 침묵하고 있도다 만일 밝은 아침까지 기다리면 벌이 우리에게 미칠지니"(왕하 7:9). 바울은 나중에 "만일 복음을 전하지 아니하면 내게 화가 있을 것이로다"(고전 9:16)라고 덧붙였다.

이것이 교회의 사명이다. 이보다 더 큰 부르심은 없다. 우리는 네 명의 나병환자보다 더 낫지 않다. 그들과 마찬가지로 우리도 영적 양식을 찾은 거지에 불과하며, 이제 그 양식을 어디에서 찾을 수 있는지 온 세상에 말해 주어야 한다. 새 생명을 얻기까지 나병환자들이 한 일은 아무것도 없었다. 우리도 그렇다. "너희는 그 은혜에 의하여 믿음으로 말미암아 구원을 받았으니 이것은 너희에게서 난 것이 아니요 하나님의 선물이라 행위에서 난 것이 아니니 이는 누구든지 자랑하지 못하게 함이라"(엡 2:8-9).

이 나병환자들의 이야기를 통해 하나님이 우리에게 하고 계시는 모든 말씀을 이해하려 할 때, 그들이 영의 양식뿐만 아니라 육신의 양식도 발견했음을 기억해야 한다. 우리는 나아만이 영적으로도 치유를 받아 하나님을 진정으로 믿는 신자가 되었음을 배웠다. 하지만 그는 나병이라는 육신의 병에서도 깨끗함을 입었다. 치유는 전인적인 것으로, 영과 혼과 몸 모든 것을 위한 것이다. 구원은 영혼뿐 아니라 사람 전체를 위한 것이다. 현재 무수히 많은 사람이 극심한 가난 속에 살고 있으며, 어떤 이들은 굶주림에 시달리고 있다. 하지만 세계적인 경제학자들은 선진국들이 개발도상국들과 나누기만 한다면 이 세상에서 가난이 근절될 것이라고 말한다. 그렇다면 세계의 자원과 부를 나누는 리더십을 그 누가 감당할 것인가? 하나님의 가족이 선두를 이끌어야 한다! 예수 그리스도와 그분의 말씀에 헌신된 크리스천들은, 오늘날 세상의 기아 문제를 해결하도록 하나님께 부르심 받은 자들이다. "내가 기뻐하는 금식은…주린 자에게 네 양식을 나누어주며 유리하는 빈민을 집에 들이며 헐벗은 자를 보면 입히며 또 네 골육을 피하여 스스로 숨지 아니하는 것이 아니겠느냐…주린 자에게 네 심정이 동하여 괴로워하는 자의 심정을 만족하게 하면 네 빛이 흑암 중에서 떠올라 네 어둠이 낮과 같이 될 것이며"(사 58:6-7, 10). 바울과 바나바가 위대한 선교여행을 떠나기 전에 예루살렘 교회의 장로들이 그들에게 마지막으로 부탁한 것은 가난한 자들을 기억하라는 것이었다. 그리고 바울은 자신 역시 그렇게 하기를 간절히 바란다고 대답했다. 우리는 이 세상에 복음을 선포하고, 예수 그리스도 안에 있는 영생의 좋은 소식을 알리며, 갇힌 자들을 풀어 주고, 사회에서 버림받고 배고픈 자들의 필요를 채워 주라는 부르심을 받았다.

### 구원의 십자가

예수 그리스도의 복음이 선포될 때는, 언제나 심판의 요소도 함께한다. 복음을 기쁘게 받아들이는 자들에게는 생명이 주어지지만, 예수님을 거절하는 자들에게는 죽음이 임하기 때문이다. 그리고 죽음을 선택하는 자들에게는 언제나 심판이 임한다. 하나님은 그 누구도 영원한 죽음으로 가도록 미리 예정해 두지 않으셨다. 각 사람이 생명과 죽음 중에서 하나를 선택해야만 한다. 네 명의 나병환자가 하나님의 구원을 선포하던 그 굉장한 날에 단 한 사람만이 심판을 받았다. 하나님의 말씀을 조롱했던 왕의 장관이었다. 아람 군대가 도망가며 버려둔 재물을 챙기기 위해 모든 백성이 급히 달려가는 동안 그 장관은 그들에게 밟혀 죽었다. 반면에 식인 행위를 저지른 여인들은 심판받지 않았다. 하나님은 굶주리던 그들의 절망적이고 비참한 상황을 이해하고 계셨으며, 그들은 하나님을 조롱하지는 않았다.

오늘날에도 그리스도의 십자가의 메시지를 비웃는 사람들에게 닥칠 위험이 존재한다. 지금도 여전히 십자가는 하나님의 구원의 방식을 거절하는 자들에게 걸림돌이 된다. 그러나 좋은 소식이 하나 있다. 지금도 여전히 십자가가 예수님을 주님으로 받아들이는 모든 나라의 모든 사람에게 하나님의 능력이자 하나님의 지혜가 된다는 사실이다.

**더 깊은 생각과 토의를 위한 질문**
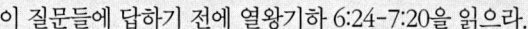

이 질문들에 답하기 전에 열왕기하 6:24-7:20을 읽으라.

1. 이스라엘이 국가적 위기에 처했을 때, 하나님이 백성을 위한 구원의 근원을 다름 아닌 네 명의 나병환자에게 알려 주신 목적이 있다고 생각하는가? 그렇다면 그 목적은 무엇이겠는가? 하나님이 이미 아람에서 온 나병환자 한 명을 고치셨다는 사실을 기억하라(왕하 5장).

2. "불은 타오름으로써 존재하듯이, 교회는 선교함으로써 존재한다"고 말한 신학자 에밀 브루너의 의견에 동의하는가? 교회가 존재하는 주된 이유는 모든 나라에 복음을 전파하기 위함이라는 점에 동의하는가? 그렇다면 왜 그렇게 믿는지 이야기해 보라.

3. 성경은 구원이 전인적인 것이라고 말한다. 하나님은 우리의 영혼에만 영원히 관심 있으신 것이 아니라, 우리의 몸, 그리고 이 땅에서 살아가는 삶의 질에도 관심이 있으신 분이다. 세계 인구의 다수가 가난하게 살고 있으며, 식량 공급이 부족하여 기근과 굶주림에 시달리는 나라들도 있다. 세계적인 기아 현상을 줄이기 위해 크리스천인 우리가 할 수 있는 일은 무엇이 있는가? 우리가 취할 수 있는 긍휼한 행동의 단계에는 어떤 것들이 있는가? 우리가 행사해야만 하는 정의의 단계에는 어떤 것들이 있는가?

더 알아보기

# 세계의 복음화

예수님은 "이 천국 복음이 모든 민족에게 증언되기 위하여 온 세상에 전파되리니 그제야 끝이 오리라"(마 24:14)고 말씀하셨다. 오늘도 남아 있는 이 과업은 교회가 수행해야 할 중심 과업이다. 이슬람권의 위대한 사도로 알려진 사무엘 즈웨머(Samuel Zwemer)는 "전 세계에 걸쳐 아직 발길이 닿지 않은 곳들은, 그리스도를 위해 기꺼이 외로움을 감수하려는 자들을 기다리고 있다"[24]고 말한 적이 있다. 그는 아마도 처음으로 크리스천들에게 "그저 살아가지만 말고, 생명이 있는 삶을 만들어 가라"(make a life, not a living)고 권고한 사람이었을 것이다. 교회사 전체에 걸쳐 수많은 젊은이가 모든 사람에게 복음을 선포하고 모든 나라로 제자 삼으라는 그리스도의 명령에 응해 왔다.

'학생자원운동'(Student Volunteer Movement)의 지도자였던 존 R. 모트(John R. Mott)는 그 당시 매우 복음적인 운동이었던 YMCA의 지도자이기도 했다. 그는 1900년대 초에 다음과 같은 말을 했는데, 오늘을 위해 이 말을 한 것인지도 모르겠다.

> 우리의 구세주는 "때가 아직 낮이매 나를 보내신 이의 일을 우리가 하여야 하리라 밤이 오리니 그 때는 아무도 일할 수 없느니라"(요 9:4)고 말씀하셨다. 그러므로 친구들이여, 오늘 밤 그

리스도가 없이 살고 있는 사람들의 절실한 필요를 생각해서, 위대한 구주요 부활하신 주님으로서의 그리스도와 연결된 삶이 무한한 가능성을 가진다는 관점에서, 이 세대의 교회가 직면한 과업이 너무나 중대하다는 관점에서, 임박한 위기와 현재 상황의 긴급성을 생각해서, 하나님의 교회가 크게 전진해 가는 것을 지지하는 상황들을 생각해서, 이런 전진의 움직임보다 덜한 모든 것들의 위험성을 생각해서, 나라들을 이기기도 하고 의를 행하기도 하는 구름같이 둘러싼 허다한 중인들을 생각해서, 그렇다, 지울 수 없는 그리스도의 십자가의 기억과 우리를 사랑하신 그 사랑을 생각해서, 자기부인의 대가가 어떠하든지, 살든지 죽든지, 일어나서, 우리 시대에 이 세상의 복음화를 위해 살고 죽으리라 결의하자.[25]

제 1 6 장

# 임무의 완수

*Finishing the Task*

†

열왕기하 13:14-25

이스라엘의 위대한 선지자들이었던 엘리야와 엘리사의 시대가 이제 막을 내린다. 엘리야와 엘리사는 오랜 세월 이스라엘 땅에서 하나님과 동행했다. 모세가 여호수아로 하여금 자기 사역을 계속하게 했던 것처럼, 엘리야에게도 엘리사가 있었다. 엘리사는 앞서 행한 엘리야의 발자취를 따라, 죽음밖에 없던 곳에 생명을 가져왔다. 또한 엘리야처럼 유대인만이 아닌 이방인들에게도 구원을 제시했다. 엘리야는 사르밧 과부에게 (왕상 17장), 엘리사는 나아만에게(왕하 5장) 그렇게 했다. 엘리사는 엘리야 위에 머물던 하나님의 영의 갑절을 구했으며, 그 다음부터 계속하여 엘리야보다 훨씬 더 많은 기적을 행했다.

엘리사는 미래의 예수님의 사역을 시사하는 사람이다. 신약에는 엘리사가 한 번만 언급되지만, 엘리사에 대해 이야기한 분은 바로 예수님이셨고, 예수님은 사역의 아주 초기에 그렇게 하셨다. 누가복음 4장 27절에서 예수님은 수리아 사람 나아만의 치유에 대해 이야기하신다. 예수님은 처음부터 자신이 베풀 구원이 유대인들뿐 아니라 온 세상을 위한 것임을 아주 분명히 하셨다. 그분은 이방인들에게 다가가 치유와 구원을 제시했던 선지자로서 엘리야와 엘리사를 모두 언급하셨다. 이 두 선지자는 모든 인류에게 구원을 약속하는 하나님의 언약을 받았던 아브라함과 온 세상에 구원을 제시하러 오신 예수님 사이에 서 있었다. '엘리사'와 '예수'라는 이름은 기본적으로 '하나님이 구원하신다'는 동일한 의미를 가진다. 엘리사는 비록 많은 결함 때문에 희미해 보이지만, 예수 그리스도 안에 있는 하나님의 구원을 투영(投影)해 주는 사람이다.

이제 엘리사는 병상에 누워 죽어가고 있다. 그리고 이스라엘은 강한 구원자 없이 적과 싸워야 하는 어두운 미래와 직면하고 있었다. 요아스 왕은 자신에게 임박한 위기 앞에서 **엘리사에게 나아가 울었다.** 그러나 그의 눈물은 엘리사나 자기 나라를 위한 눈물이 아니었다. 그저 자신의 처지 때문에 나오는 눈물이었다. 요아스 왕은 엘리사를 나라의 능력으로 생각했다. 이 하나님의 사람이 없는 삶은 상상할 수도 없었다.

요아스 왕은 자신이 부르심을 받은 대로 일어나 서서 하나님의 사람이 될 준비가 되어 있지 않았다. 그저 적당히 안주하며, 자신이 해야 할 일을 더 강한 사람이 계속하게 하고, 그 사람에게 의존하는 것으로 만족했다. 이 이야기는 지금의 우리에게, 우리 삶을 향한 하나님의 계획에 대해 시사하는 바가 있다. 우리는 부르심을 받은 사람들이다. 하나님은 우리 각자의 삶을 향한 큰 계획을 가지고 계신다. 우리가 그분의 부르심에 답하고 그분을 전적으로 따르기로 헌신할 때, 그분은 우리를 제한 없이 사용하실 것이다.

### 우리의 삶은 세계 복음화를 위한 하나님의 도구다

왕은 "내 아버지여 내 아버지여 이스라엘의 병거와 마병이여"라고 외쳤다. 병거와 마병은 아람 군대가 대량 학살했던 이스라엘의 강한 군대를 상징했다. 그러나 엘리사는 **이스라엘의 진짜 병거와 마병**이 혈과 육으로 난 것이 아님을 알았다. 이전에 아람 왕이 많은 말과 병거를 가진 큰 군대로 도단 성읍을 에워쌌을 때, 엘리사의 사환은 몹시 걱정하며 자기 주인에게 어떻게 해야 할지를 물었다. 그때 엘리사는 "두려워하지 말라 우리와 함께한 자가 그들과 함께한 자보다 많으니라"(왕하 6:16)고 대답했다. 그리고 나서 엘리사는 자기 사환의 눈을 열어 달라고 하나님께 기도했다. 그 후 사환이 보니 "불말과 불병거가 산에 가득하여 엘리사를 둘렀"(왕하 6:17)다.

믿음의 위대한 사도인 사도 바울과 사도 요한은 적을 인식하고 있었으며, 적을 이기고 승리하신 분도 인지하고 있었다. 사도 바울은 "우리의 씨름은 혈과 육을 상대하는 것이 아니요 통치자들과 권세들과 이 어둠의 세상 주관자들과 하늘에 있는 악의 영들을 상대함이라"(엡 6:12)고 말했고, 사도 요한은 우리가 예수 그리스도 안에서 가지는 자신감에 대해 "자녀들아 너희는 하나님께 속하였고 또 그들을 이기었나니 이는 너희 안에 계신 이가 세상에 있는 자보다 크심이라"(요일 4:4)고 말했다. 예수님은 때로 '하나님의 병거'와 함께 천군을 보내셔서, 그들이 자신의 백성을 위해 싸우게 하신다. 그러나 예수님 자신이 승리자이시다. 그분이 바로 사탄 및 그가 가진 죽음과 파멸의 모든 세력을 이기고 승리하신 분이다. 그분은 오늘도 우리의 구원자가 되신다.

나의 도움되신 능력의 성령
어둠 속 힘 없는 나의 기쁨

주님 생각 내 영혼 소생시키니

위대하신 주, 내 기쁨, 생명

오대원
찬송가 "내 맘의 주여 소망되소서"(Be Thou My Vision)에 가사를 붙인 것임

요아스 왕은 엘리사 위에 임하여, 엘리사를 이스라엘 모든 병거와 마병보다 더 강하게 만드신 하나님의 능력을 목격해 왔다. 요아스는 엘리사가 갖고 있던 기도의 능력, 그리고 그가 나라에 미치던 영향력 없이 사는 것을 상상할 수 없었기에 그 앞에서 울었다.

### 활과 화살들을 가져오소서

엘리사는 왕의 눈물을 무시했다. 그는 왕의 슬픔의 눈물이나 약함의 고백에 관심이 없었다. 요아스는 곧 적들과 정면으로 부닥쳐야 했다. 그에게는 눈물을 흘리며 자기 연민에 빠져 있을 시간이 없었다. 이제 엘리사에게 임했던 것과 동일한 능력이 요아스 왕 안에 거해야 했다! 엘리사는 왕이 행동할 수 있도록 준비시켜야 한다는 것을 알았다. 그래서 그는 왕에게

활과 화살들을 가져오라고 한 후 활을 당기라고 말했다.

엘리사는 왕에게 동쪽으로 난 창을 열고 적을 향하여 활을 쏘라고 말했다. 그리고 "여호와를 위한 구원의 화살!"이라고 소리쳤다. 이는 예수님의 부활 후 예수님과 제자들의 모습을 어렴풋이 보여 주는 예시다. 그때 제자들은 무서움에 떨고 죄책감에 눌리고 무기력함을 느끼고 있었다. 예수님이 산에서 그들에게 나타나셨을 때, 몇몇 제자는 여전히 의심하고 있었다. 그러나 예수님은 그들이 잃은 것에 대해 슬퍼하고 자신들의 약함을 한탄하고 있도록 놔두지 않으셨다. 예수님은 제자들의 문제를 완전히 무시한 채 "너희는 온 천하에 다니며 만민에게 복음을 전파하라"(막 16:15)고 말씀하셨다. 온 세상에 복음을 전하라고 위임하신 것이다!

열방이 하나님을 믿게 하는 가장 큰 도구는, 예수 그리스도께 완전히 헌신된 삶, 예수님의 증인이 되도록 예수님이 세상으로 보내신 삶이다. 사탄에 맞서 싸우는 영적 전쟁에서 가장 강력한 무기는 성령으로 가득 찬 삶, 그리고 하나님의 영광을 위해 절대 타협하지 않는 삶이다.

현재 너무 많은 크리스천이 요아스 왕처럼 살아간다. 그들은 자신들이 너무 부족하다고 느끼며, 하나님을 위해 중요한 일은 아무것도 할 수 없다면서 그저 주저앉아 있다. 그들은 언젠가 하나님이 자신을 '부르신다면', 그 후에야 나가서 무언가를 하겠다고 생각한다. 그러나 하나님은 이미 우리를 부르셨으며, 그 부르심 안에 이미 보내심은 본질적으로 들어 있다. "너희가 나를 택한 것이 아니요 내가 너희를 택하여 세웠나니 이는 너희로 가서 열매를 맺게 하고"(요 15:16). 하나님은 이미 우리를 세상으로 보내셨다! 하나님이 보내셨기에 우리가 세상에 있음을 알 때, 우리는 어디를 가든 무엇을 하든 하나님을 강력하게 증언하며 살게 될 것이다. 우리의 삶은 한 방향으로만 날아가는 곧고 날카로운 화살과도 같다. 우리는 반드시 일편단심으로 하나님의 승리를 선포해야 한다.

### 엘리사가 자기 손을 왕의 손 위에 얹고

왕은 혼자가 아니었다. 엘리사에게 임했던 기름부음이 왕위에 있었다. 그로 말미암아 왕은 승리를 확신할 수 있었다. 시편 기자는 자기 백성을 향한 하나님의 사랑과 돌보심을 노래하면서 "주께서 나의 앞뒤를 둘러싸시고 내게 안수하셨나이다"(시 139:5)라고 말한다. 그분을 따르고 그분의 순종하라고 우리를 부르실 때, 하나님은 **그분의 손을 우리 손 위에 얹으시고** 우리를 불러 행하게 하시는 그 임무를 감당할 성령의 기름부음의 능력과 권위를 주신다. 하나님의 기름부으심은 그분의 영광을 위해 우리를 최대로 사용하시려고 우리 안에, 그리고 우리 위에 두시는 성령의 임재다. 우리는 더는 두려워하거나 염려할 필요가 없다. 하나님이 우리를 돌보시니, 그저 그분께 우리의 모든 염려를 드리면 된다.

### 우리는 세계 복음화의 임무를 완성하라는 부르심을 받았다

우리는 우리 삶이 세상에 복 주는 하나님의 도구가 되게 하라는 부르심뿐만 아니라, 우리 앞에 놓인 **임무를 완성하라는** 부르심을 받았다. 엘리사는 왕에게 화살들을 집어 땅을 치라고 말했다. 그런데 왕은 단지 세 번만 쳤다. 엘리사는 왕에게 화를 내며, 적어도 대여섯 번 쳤어야 했다고, 그랬더라면 아람 군대를 완전히 진멸했을 거라고 말했다. 엘리사는 왕이 하나님의 대적을 진멸하는 데 전적으로 헌신되지 않았다고 말했던 것이다. 왕은 엘리사가 내린 명령에 열심을 보이지 않았다. **땅을 형식적으로 쳤을 뿐, 본질적인 내용을** 가지고 치지 않았다.

하나님이 우리를 불러서 하라고 하신 사역 가운데는, 자기중심적이 되거나 온 마음을 다하지 않을 수 있는 위험이 아직도 존재한다. 그러나 하나님은 우리 삶의 모든 영역에서 **온 마**

음을 다할 것을 요구하신다. 갈렙이 아주 나이 많은 노인이 될 때까지 하나님이 평생 복 주신 이유는 그가 하나님을 전심으로 따랐기 때문이다(수 14:8). 머리로는 훌륭한 생각을 받아들이나 실제 삶으로는 그대로 실천하지 않기가 얼마나 쉬운지…. 하나님의 백성은 얼마나 자주 전적인 순종이 아닌 부분적인 순종으로 만족하는지…. 세상을 바꾸어 놓겠다며 흥분하는 크리스천이 많다. 그들의 비전을 점점 잃어버리게 하는 장애물들을 만나기 전까지는 말이다.

젊은 시절의 모세는 자기 백성을 애굽의 속박에서 건져 내려는 열정이 매우 컸다. 그래서 그만 실수를 저지르고, 지혜롭지 않게 행동했다. 그는 환멸을 느끼고 비전도 잃어버린 채 미디안에 정착하여 안주해 버렸다. 그런데 하루는 꺼지지 않는 불로 타고 있는 떨기나무를 보았다. 그는 하나님을 다시 만났고, 하나님이 불의 하나님이심을 깨달았다.

우리는 **거룩한 불의 공동체**에 속해 있다. 이는 우리 안에 거하시는 성령의 불을 뜻하는 것이다. 하나님의 영의 불은 하나님의 사랑의 불이다. 하나님은 우리가 우리의 비전을 완성할 수 있는 능력을 갖추도록, 때로 불과 같은 시련을 겪게 하실지도 모른다. 그러나 그분의 성령의 불은 언제나 우리와 함께 계셔서, 우리에게 사랑을 주시며 우리가 끝까지 전심으로 갈

수 있는 능력을 주신다.

임무를 완수할 책임은 우리 각 사람에게 개인적으로 맡겨진다. 그것은 양도할 수 없는 것이며, 급박한 일이다. 세계 복음화라는 임무를 완성하려면 평생 예수 그리스도께 철저히 순종해야 한다. 그리고 경주를 방해하는 모든 것을 우리 삶에서 제거해야만 한다.

**우리는 임무를 완성하기 위한 성령의 능력을 약속받았다**

이 위대한 하나님의 사람 엘리사에게서 나온 마지막 기적은 아마도 가장 특이한 기적이었을 것이다. 엘리사는 죽어 무덤에 장사되었다. 그 당시에는 대부분 자연 동굴을 이용하거나 다소 무른 바위를 파내어 무덤을 만들었다. 아마도 엘리사를 위해서도 이런 무덤이 준비되었을 것이다. 이듬해 봄, 모압의 도적 떼들이 이스라엘에 침입해 왔다. 마침 사람들은 죽은 자를 장사지내고 있었는데, 그들을 향해 오는 모압의 도적 떼를 보고는 엘리사의 무덤에 황급히 시체를 던져 넣었다. 그런데 놀랍게도 "시체가 엘리사의 뼈에 닿자 곧 회생하여 일어섰"(왕하 13:21)다.

엘리사 안에 있던 하나님의 능력이 매우 컸던 나머지, 엘리사가 죽은 후에도 계속하여 하나님의 영이 죽은 자에게 생명을 불어넣은 것이다. 죽은 자가 다시 살아나게 만든 것은 엘리사의 영이 아니라 하나님의 성령이었다. 엘리사는 엘리야의 제자였으며, 사도 야고보는 엘리야를 "우리와 성정이 같은 사람"이라고 묘사한다. 그런데 야고보는 계속하여 이렇게 말한다. "그가 비가 오지 않기를 간절히 기도한즉 삼 년 육 개월 동안 땅에 비가 오지 아니하고 다시 기도하니 하늘이 비를 주고 땅이 열매를 맺었느니라"(약 5:17-18).

엘리사는 이 땅에서 하나님의 영과 친밀하게 교제하며 살았고, 성령은 엘리사가 죽은 후에도 계속 능력으로 일하셨다. 하나님이 그분의 종 엘리사가 죽은 후에도 그를 통해 행하신 이 놀라운 기적은 우리를 곧바로 신약으로 끌고간다. 예수님은 제자들에게, 그들을 고아와 같이 내버려 두지 않고 성령을 보내어 그들 안에, 또 그들과 함께 있게 하겠다고 약속하셨다. 가톨릭의 위대한 작가 중 하나인 프랑수아 모리아크(Francois Mauriac)는 사도들이 오순절에 성령을 받자마자 매우 눈에 띄게 하나님을 드러내는 모습을 보였기 때문에, 그리스도를 죽였던 모든 자들이 그리스도가 다시 돌아오셨다고 믿었을 것이라고 말했다. 모리아크는 이렇게 썼다. "그분의 시체를 안치한 무덤을 봉했을 때, 그들은 의심할 여지도 없이 모든 일이 끝났다고 믿었을 것이다.…그러나 이제 도시 전역이 예수님의 임재를 느꼈다."[26]

하나님은 동일한 성령의 능력이 오늘날 그분의 교회에서도 역사할 수 있다는 사실을 엘리사를 통해 우리에게 보여 주고 계시다. 구약시대부터 성령은 줄곧 일해 오셨지만, 오순절이 되어서야 약속된 성령이 온 교회 위에 부어졌다. 이 능력은 오늘날도 임한다. 성령으로 세례를 주겠다고 하신 예수님의 초청에 응하는 모든 크리스천이 받을 수 있다. 그리고 그 결과는 분명하다. "오직 성령이 너희에게 임하시면 너희가 권능을 받고 예루살렘과 온 유대와 사마리아와 땅 끝까지 이르러 내 증인이 되리라"(행 1:8).

오늘날, 세상은 엘리야와 엘리사처럼 하나님을 진지하게 받아들인 하나님의 사람의 능력을 아직 보지 못했다. 우리가 일평생 세상을 축복할 하나님의 도구가 되겠다는 열정을 가지고 하나님께 응답할 때, 그분의 성령은 우리 마음속에 절대 소멸되지 않는 불을 지펴 주실 것이다. 그리고 하나님은 엘리사의 삶을 사용하신 것처럼 우리 삶도 사용하시되, 우리가 살아 있는 동안뿐만 아니라 다가올 세대들에게 복 주시기 위해 그렇게 하실 것이다.

**더 깊은 생각과
토의를 위한 질문**

이 질문들에 답하기 전에 열왕기하 13:14-25를 읽으라.

1. 세계 복음화를 위한 하나님의 가장 큰 도구는, 예수 그리스도께 완전히 헌신되고 예수님의 증인이 되도록 세상에 보내심 받은 삶이라고 했다. 즉, 진정한 영성이란 자신의 내면으로 더 깊이 흘러 들어가는 것이 아니라 열방의 치유를 위한 생명수로서 밖으로 흘러나오는 것임을 이해하는 사람의 삶이다. 당신의 삶은 밖으로 흘러나가고 있는가? 만일 그렇지 않다면, 당신 안에 있는 생명의 강을 세상으로 흘려보내기 위해 무엇을 할 수 있는가?

2. 이 세상에 그리스도를 증거해야 한다는 주장에 머리로 동의하면서도, 삶으로 이를 실천하기는 쉽지 않다. 모든 나라를 제자 삼는 임무를 완수하는 데 꼭 필요한 것은 무엇이 있는가? 하나님은 당신에게 개인적으로 무슨 말씀을 하고 계시는가?

3. 이번에 엘리야와 엘리사에 대해 공부하는 동안 하나님이 당신에게 보여 주신 것들을 모두 다시 한 번 생각해 보라. 그중 좀 더 중요한 것들을 기록하고, 성령님께 당신의 영을 강건케 하여 그것들을 실천할 수 있게 해 달라고 구하라. 떠오르는 생각들을 하나하나 적어 보라.

**더 알아보기**

# 신약에 비추어 구약을 해석하기

모든 크리스천의 임무는 예수 그리스도를 성경적으로 증거하는 것이다. 엘리야와 엘리사를 공부하면서 우리는 구약과 신약 사이에 일치하는 점이 있음을 발견했다.

월터 C. 카이저(Walter C. Kaiser)는 "구약의 목표는 유대인과 이방인 모두, 앞으로 오실 메시아를 구주로 아는 지식을 갖게 하는 것이다"라고 말했다. 이를 통해 그는 구약과 신약의 일치성에 대해 훌륭하게 설명해 주었다. 그는 하나님의 원래 계획은 아브라함과 맺으신 언약보다도 훨씬 더 일찍, 즉 창세기의 첫 부분에 이미 드러나 있었다고 지적한다. "하나님의 영원한 계획은 모든 백성에게 구원을 주시는 것이었다. 구원을 처음 제시하셨을 때조차도, 하나님에게는 유대인과 같은 특정 집단을 위해서만 구원을 준비하실 의도가 전혀 없으셨다."[27]

이 위대한 두 선지자 엘리야와 엘리사를 공부함으로, 성경이 두 권의 책이 아닌 한 권의 책임을 알게 되기를 바란다. 구약은 신약을 위해 우리를 준비시킨다. 그리고 구약의 약속들은 신약 안에서만 더 깊은 의미를 찾고 온전하게 된다.

당신이 하나님의 **한 권의 책**인 성경 안에서 그분의 보물들을 계속해서 찾을 때, 성령님이 지식과 지혜와 통찰로써 당신을 더 풍성하게 채워 주시기를 바란다. 그리고 당신이 그분의 말씀에 순종하여 나갈 때, 당신이 온 세상에서 열매를 맺을 수 있도록 그분이 당신에게 능력을 입혀 주시기를 바란다.

주

1. Robin Mark의 웹 사이트 http://robinmark.com을 보라.
2. Ronald S. Wallace, *Elijah and Elisha* (Edinburgh: Oliver and Boyd, 1957). 이 책은 현재 절판되어 구하기 어려울 수 있다. 그 이후에 나온 그의 다음 저서를 읽는 것도 도움이 될 것이다. *Readings in 1 Kings* (Eugene, Oregon: WIPF and STOCK Publishers, 1995).
3. Ronald S. Wallace, 1972년 3월에서 5월까지 콜롬비아 신학교(Columbia Theological Seminary)에서 강의한 내용 중에서.
4. 같은 강의.
5. Thomas Merton, *Bread in the Wilderness* (New York: New Direction Publishing Company, 1953), p.87-94.
6. Ronald S. Wallace, *Elijah and Elisha*.
7. Martin Buber에 관한 Ronald S. Wallace의 강의 노트 중에서. Columbia Theological Seminary, 1972년 3월-5월.
8. Ronald S. Wallace, *Readings in 1 Kings*, p.133-134.
9. 같은 책.
10. Henri Nouwen, *The Inner Voice of Love* (New York: An Image Book by Doubleday, 1996), p.107-108. 《마음에서 들려오는 사랑의 소리》(바오로딸 역간).
11. 같은 책.
12. Luis Bush, 2012년 3월 16일 하와이 코나의 Northeast Asia Discipleship Training School 강의 내용 중에서.
13. Gary Parrett and S. Steve Kang, *Teaching the Faith, Forming the Faithful* (Downers Grove, Ill.: InterVarsity Press, 2009).

14. Alexander Maclaren, *Expositions of the Holy Scripture, Vol.2* (Grand Rapids, Mich.: Wm. B. Erdmans Publishing Co., 1942), p.846-848.
15. D. S. Cairns, *The Faith That Rebels* (London: Student Volunteer Movement, 1928), p.247.
16. Charles Spurgeon에 관한 Ronald S. Wallace의 강의 내용 중에서. Columbia Theological Seminary, 1972년 3월-5월.
17. D. S. Cairns, *The Faith That Rebels*.
18. 같은 책, p.209.
19. Wallace, *Elijah and Elisha*, p.125-126.
20. 같은 책.
21. Jean Vanier, *From Brokenness to Community* (Mahwah, N.J.: Paulist Press, 1992), p.15.
22. 같은 책, p.52.
23. Emil Brunner, *The Word and the World* (New York: C. Scribner's Sons, 1931), p.108.
24. Samuel Zwemer, *The Glory of the Impossible, Chapter 8* (London: Student Volunteer Movement, 1911), p.215-231.
25. John R. Mott, *Missionary Issues of the Twentieth Century* (Nashville, Tenn.: Press of the Publishing House, M.E. Church, South, 1901), p.23.
26. Francois Mauriac, *Magnificat Devotional: How Christ's Resurrection conquers the World* (Yonkers, N.Y.: Magnificat Inc., 2012), May 21, 2012.
27. Walter C. Kaiser, *Mission in the Old Testament* (Grand Rapids, Mich.: Baker Books, 2000), p.10.《구약에 나타난 부흥운동》(선교횃불 역간).

옮긴이 **양혜정**

1987년 이화여자대학교 재학 중에 캐나다로 이민, University of British Columbia에서 언어학을 공부했다. 현재 남편과 함께 안디옥선교훈련원에서 사역하고 있다. 주요 역서로는 《묵상하는 그리스도인》, 《하나님을 경외하는 마음》(이상 예수전도단), 《열렬히 끊임없이 예배하라》(규장) 등이 있다.

## 지금은 엘리야 때처럼

**지은이**　오대원
**옮긴이**　양혜정

2013년 4월 2일 1판 1쇄 펴냄
2018년 3월 23일 1판 3쇄 펴냄

**펴낸곳**　도서출판 예수전도단
**출판 등록**　1989년 2월 24일(제2-761호)
**주소**　서울특별시 마포구 성지 1길 7 (합정동)
**전화**　02-6933-9981 · **팩스** 02-6933-9989
**전자우편**　publ@ywam.co.kr
**홈페이지**　www.ywampubl.com

ISBN 978-89-5536-422-4

책값은 뒤표지에 있습니다.
잘못된 책은 바꾸어 드립니다.